明快！中小企業のためのSDGs経営

中小企業診断士
越川 智幸

梓書院

はじめに

ＳＤＧｓとは利他の心

最近、「ＳＤＧｓ（エスディージーズ）」という言葉に、ニュースや街中で出会う機会が増えたと感じる方もおられると思います。しかし、ＳＤＧｓがどういうものなのか分からない、自分（自社）には関係ないと考えている方も多いのではないでしょうか。

ＳＤＧｓは翻訳すると「**持続可能な開発目標**」。国連が掲げている全世界的な国際目標であり理念です。「持続可能な開発目標」というと本来の趣旨とは異なり、都市開発をしない、電気を使わないなどの行動を想像する方もいらっしゃるようです。

一方で「ＳＤＧｓは国連や環境に関係することだとは分かるが、本質がよく分からない」「取り組まないといけない、という雰囲気は感じているが、なにからどう始めたらいいか分からない」といった声も多く聞きます。

ＳＤＧｓとは、一般参賀における今上陛下のお言葉「年の初めにあたり、わが国と世界の人々の幸せを祈ります」に象徴されるような「利他の心」による行動であると思います。利己的に行動する時代はすでに終わりました。「利他の心」による経営こそが、特に中小企業が永続していくために大切なキーワードだと実感しています。

私は、中小企業経営者の皆様に具体的・実践的な方法でＳＤＧｓを推進する支援を行っております。本書は、中小企業経営者の皆様が自社の経営力を向上させるためにＳＤＧｓを正しく理解し活用できるよう、実例を交えながら体系的に示しています。ＳＤＧｓを企業成長のチャンスと捉え、前向きかつ積極的に行動しましょう。

地域社会の基盤である中小企業であるがゆえに、利他の心でＳＤＧｓに取り組むことで、経営力を向上させることが可能なのです。

きっかけは炭火焼鳥屋

私は現在、一般社団法人福岡県中小企業診断士協会福岡部会の認定研究会である、ＳＤＧｓ推進ネットワーク福岡を主宰し、福岡県内各所でのＳＤＧｓセミナーの開催および中小企業へのＳＤＧｓ導入支援等を行っています。ＳＤＧｓ推進ネットワーク福岡の立ち上げは、仲間の後押しがあってのことでした。

きっかけは、中小企業診断士の松代和也さん（株式会社まつしろビジネスコンサルティング代表取締役）との対話です。ある日、中小企業支援のあるべき姿、より良い中小企業支援に関する率直な意見交換を行うために、福岡市内の焼鳥屋で松代さんと話していました。

この店は、私が九州・アジア経営塾（福岡にある次世代リーダー養成塾、理事長兼塾長橋田紘一氏）の現役生であった頃から通い、同塾の精神である故四島司塾長の言葉「（社会貢献を意識して）殻を破れ」と橋田塾長の「人生は出会い」を思い起こす場です。

程なくすると炭火焼きの煙がカウンター越しに漂い、時には煙突から立ち上るような凄まじい勢いで流れてきます。この煙は私に中国・上海を想起させました。訪日中国人のインバウンド消費が最高潮であった時期に、この動向を視察するため大型クルーズ船のクァンタム・オブ・ザ・シーズ（乗客４０００人の大半は中国人、日本人は6人ほど）に乗船したことがあります。この船に乗るため上海へ渡った際、大気汚染で上海の街中が煙たい感覚であったことを、焼き鳥の煙で思い出したのです。

この上海訪問が2015年。SDGsが国連で採択された年であったことから、常々考えていた中小企業へのSDGs支援に関して、松代さんに想いを伝えました。そして松代さんからぜひ協力したいとのお言葉をいただき、SDGs推進ネットワーク福岡の立ち上げを決意するに至ったのです。

環境経営に関連する分野にはSDGsという言葉が生まれる前から関わっていました。昨今の気候変動問題に対する社会環境や中小企業の事業環境を思い合わせ、主体的に中小企業のSDGs支援に関して行動していきたいと考えていた矢先、まさに絶好のタイミングで後押しをいただいたのです。

私は2001年の中小企業診断士登録後、中小企業の経営改善計画支援、経営革新計画策定支援、各種経営相談等支援などを行ってきました。その中で不動産環境認証制度であるGreen Building認証等のサステナビリティ分野に関わり、加えて熊本地震中小企業経営相談緊急相談員や福岡市が創業特区政策として実施する特定創業支援事業を担う福岡市経営相談員も担当、福岡県事業承継ネットワークの登録専門家として事業承継支援にもあたってきました。

このように環境・地域社会・地域経済を担う中小企業の支援に携わることができるのは、皆様からの機会のご提供とご理解があってのことと心から感謝しています。おかげさまで中小企業支援とＳＤＧｓ分野に「実務者」として関与することができました。実務者として関わることで、中小企業におけるＳＤＧｓ経営の重要性と活用を深く考えつつ「実践」していくことができたのです。

本書の執筆について

２０１９年5月に一般社団法人福岡県中小企業診断士協会においてＳＤＧｓ推進ネットワーク福岡を立ち上げて以来、中小企業診断士の仲間へボランティアの協力を求め、各所でのＳＤＧｓセミナーを開催してきました。当会の活動は、中小企業診断士の仲間による、環境、地域社会、地域経済に貢献したいとの想いとボランティア精神に支えられています。

ありがたいことに、各所でＳＤＧｓセミナーにご参加の皆様から「中小企業の実態に則したＳＤＧｓを理解できる」と好評をいただいております。その折、大企業ではなく中小企業が取り組むＳＤＧｓ経営について、明快で分かりやすい解説書はありませんかとしばしば尋ねられました。その後、縁あって私が自らの手でそのような書を上梓することとなったのです。

九州・アジア経営塾で出会った経営コンサルタントの小宮一慶さんは、社会の先輩方からの言葉を大切にされ、私たちにも分かりやすく解説してくださいました。小宮さんの著書は１００冊を超え、今も精力的な執筆活動を続けられています。私も小宮さんのように社会に貢献する執筆に取り組みたいと考えていましたが、このたび、尊敬する小宮さんから私の執筆について嬉しいご声援をいただいたことは、大きな力となりました。

本書が、中小企業の皆様がＳＤＧｓ経営を実行する一助となり、メリットを活用して事業を成長させるきっかけになることを心より願っております。

明快！　中小企業のためのＳＤＧｓ経営＊目次

第5章　これからのSDGs

第１章

そもそもＳＤＧｓとは？

[1] SDGsは世界共通の目標

SDGsとは？

SDGs（Sustainable Development Goals：持続可能な開発目標）と言えば、カラフルな17個のアイコンを思い浮かべる方も多いのではないでしょうか。新聞、雑誌等のメディアや、街中、書店などでも見かけることが多くなってきました。

SDGsは、2015年9月の国連サミットにおいて採択された世界共通の目標。「2030年までにあらゆる形態の貧困に終止符を打ち、不平等と闘い、環境を守り、気候変動に対処しつつ、誰一人取り残さないための世界的な取り組みを推進させる」と指針を掲げています。カラフルなアイコンが示しているのは、健康・教育・産業など多彩で広範囲にわたる17個の具体的目標です。

歴史をひもとけば、1990年代から企業での環境意識が高まり、ISO14000

（国際的な環境に関するマネジメントの認証制度）やＣＳＲ活動（寄附などで企業が社会的責任を果たそうとする活動）が盛んになっていました。２０００年の国連ミレニアム・サミットではＳＤＧｓの前身であるＭＤＧｓ（Millennium Development Goals）を採択。２０１０年代からは、ＥＳＧ投資（環境・社会・ガバナンスの英語略称で、これらを投資判断の軸に据える投資手法）という考え方が、主に欧州の投資分野で推進されてきました。そのような流れの中で２０１５年に誕生したのがＳＤＧｓなのです。

最近は「気候変動」という言葉を聞く機会が増えましたが、これもＳＤＧｓの主要課題の一つ。２０１５年のパリ協定で産業革命以前に比べて地球全体の気温上昇を2℃以内に抑える「2℃目標」を定め、さらには1.5℃以内に抑えようと世界全体で取り組んでいます。

ＳＤＧｓの17個のアイコンを一見すると日本にはなじみの薄い、自分の周りでは関係ない、自分の力ではどうにもならないと感じるところもあるでしょう。

しかしSDGsを実現するには、環境や社会への配慮について「自分たちさえよければ」ではなく、「みんなが」そして「将来も」良くなるような観点が大切なのです。

SDGs17目標

それでは、SDGsで掲げられている17個の目標をひとつずつ見ていきましょう。

SDGs目標の全体像を分かりやすくするために、17項目を①1～6の**世界課題**、②7～12の**産業課題**、③13～17の**環境課題・全体課題**と大きく3つに区分します。

①世界課題

【目標1】 貧困をなくそう（あらゆる場所で、あらゆる形態の貧困を終わらせる）

【目標2】 飢餓をゼロに（飢餓を終わらせ、食料の安定確保と栄養状態の改善を実現するとともに、持続可能な農業を推進する）

【目標3】 すべての人に健康と福祉を（あらゆる年齢のすべての人々の健康的な生活を確保し、福祉を推進する）

【目標4】質の高い教育をみんなに（すべての人々に包摂的かつ公平で質の高い教育を提供し、生涯学習の機会を促進する）

【目標5】ジェンダー平等を実現しよう（ジェンダーの平等を達成し、すべての女性と女児のエンパワーメントを行う）

【目標6】安全な水とトイレを世界中に（すべての人々に水と衛生の利用可能性と持続可能な管理を確保する）

②産業課題

【目標7】エネルギーをみんなに　そしてクリーンに（すべての人々に手ごろで信頼でき、持続可能かつ近代的なエネルギーの利用可能性を確保する）

【目標8】働きがいも経済成長も（すべての人々のための包摂的かつ持続可能な経済成長、生産的な完全雇用およびディーセント・ワーク（働きがいのある人間らしい仕事）を推進する）

【目標9】産業と技術革新の基盤をつくろう（強靭なインフラを整備し、包摂的で持

続可能な産業化および技術革新を推進する）

【目標10】人や国の不平等をなくそう（国内および国家間の不平等を是正する）

【目標11】住み続けられるまちづくりを（都市と人間の居住地を包摂的、安全、強靭かつ持続可能にする）

【目標12】つくる責任　つかう責任（持続可能な消費と生産のサイクルを確保する）

③環境課題・全体課題

【目標13】気候変動に具体的な対策を（気候変動とその影響を軽減するため、緊急対策を取る）

【目標14】海の豊かさを守ろう（海洋と海洋資源を持続可能な開発に向けて保全し、持続可能な形で利用する）

【目標15】陸の豊かさも守ろう（陸上生態系の保護、回復および持続可能な利用の推進、森林の持続可能な管理、砂漠化への対処、土地劣化および生物多様性損失を阻止する）

【目標16】平和と公正をすべての人に（持続可能な開発に向けて平和で包摂的な社会を推進し、すべての人々に司法の利用可能性を提供するとともに、あらゆるレベルにおいて効果的で責任ある包摂的な制度を構築する）

【目標17】パートナーシップで目標を達成しよう（持続可能な開発に向けて実施手段を強化し、グローバル・パートナーシップを活性化する）

ＳＤＧｓは、地球上の誰一人として取り残さない活動で、人類全員の課題であり、他人事ではありません。発展途上国も、先進国も、大企業も、中小企業も、私たち一人一人が自覚を持ち、全員が当事者意識を持つことがＳＤＧｓ目標の達成には重要となります。

しかしながら、中小企業での取り組みは、思うように進んでいないのが実状です。「ＳＤＧｓとは17個全ての目標を達成しなければならないのでしょうか？」という質問を受けますが、実はそうではありません。ＳＤＧｓ17個の目標のうち、自社を取り巻く社会環境や自社の経営資源を勘案して、１つずつ着実に、可能な目標について取り組むことで十分です。

国連の啓蒙活動

国際連合広報センターは、ホームページ内「2030アジェンダ」ページにおいて、将来を担う子どもたちへのSDGs啓蒙を目的として、学校の授業で使える国連ビデオをテーマ別に分類して掲載しています。他にも、吉本興業と連携した「笑いでSDGsを推進」、サンリオのハローキティとのコラボレーションなど、SDGsへの関心を高める啓蒙情報を掲載しています（出典：国際連合広報センターHP）。

また、国連は「フードチャレンジキャンペーン」にも取り組んでいます。これは、無理なく楽しく食品ロスを削減する「創作料理ブーム」を世界に巻き起こそうというもの。日本からは、服部学園理事長の服部幸應氏も参加されています。国際連合食糧農業機関（FAO）によると、世界の年間食料生産量の3分の1に相当する約13億トンが食品ロスによる廃棄で失われており、しかも廃棄による温室効果ガス排出量は全世界のおよそ8%を占めています。キャンペーンはこの地球環境への負荷を減らすために、人々にグローバルな気候変動対策への参画を呼びかけているのです（出典：国連ＨＰ）。

国連のＳＤＧｓに関する活動を調べる場合は、国連寄託図書館を利用することができます。日本には国連寄託図書館が14か所あり、国連の文書や刊行物を収受、所蔵し、地域の人々に開放しています（出典：国連ＨＰ）。

私は、国連に関する情報収集に際し九州国連寄託図書館（福岡市総合図書館内）の俣野綾子さんに丁寧に教えていただき、とても感謝しています。国連に関する情報を調べる際は、ホームページなどの検索に加えて、お近くの国連寄託図書館の利用をおすすめします。きっと丁寧に教えていただけると思います。

[2] SDGsの重要性

世界のSDGs課題

SDGsの17ゴールは貧困、飢餓、健康、水など、生命にとって基本的な課題が掲げられています。

人間の欲求段階を「マズローの欲求5段階説」（マーケティング等の分野でよく使われる理論）に基づき、生理的欲求、安全欲求、社会的欲求、承認欲求、自己実現欲求の5段階にあてはめると、SDGsは生理的欲求や安全欲求といった基本的な欲求レベルのゴールが定められています。

私たちの日常的な生活では、自分を磨き成長させるという自己研鑽が賞賛されますが、世界ではそれ以前の段階、つまり「生命の維持」を課題とせざるを得ないのが実状なのです。

SDGsがなぜ始まったのか、なぜSDGs17のゴールが設定されたのかを理解するために、環境や社会に関する様々な世界的課題をみていきましょう。

気候変動について

気候変動はＳＤＧｓ重要課題のひとつです。国連気候変動枠組条約締約国会議（ＣＯＰ：温室効果ガス排出量の国際的な意思決定機関）やダボス会議（世界の政治家や企業の代表が集まり様々な世界的課題を話し合う会議で、毎年スイスのダボスで開催）でも世界的課題として取り上げられています。

世界気象機関（ＷＭＯ）は、温室効果ガスの影響により２０１４年から5年間の平均気温が観測史上最も高くなり海面上昇も著しく加速、さらに二酸化炭素（ＣＯ２）排出量が過去最高となったと発表、ＣＯ２削減対策の強化を促しています。ＣＯ２の削減が進まない場合、２１００年の気温は産業革命前に比べて5℃上昇するという説もあり、気温が5℃上昇すると日本の気候は熱帯化し、ますます大型台風等の激甚災害が増え自然災害リスクが高まります。また、グリーンランドや南極の氷が融解し海面が２ｍ上昇するとの説もあり、日本でも沿岸部は水没または浸水、現在とは全く異なる環境となるおそれがあります。

プラスチックごみによる海洋汚染問題も深刻化しています。リサイクルされないプラスチックごみ（全体の約9割）が毎年800万トン以上海に流れ込み、生態系を脅かしているのです。紫外線・海流・波でマイクロプラスチック（細かい破片）化し有害物質が付着して、それを鳥や魚がエサと間違えて食べ、その魚を私たちが食べるという負の連鎖。この問題がクローズアップされて以降、飲食店等でのプラスチックストローを使わない動きが加速しています（出典：国際連合広報センターHP）。

私たちの住む地球が、子どもや孫の世代には全く異なる環境になるか、現状を維持できるかは、私たち一人一人の考え方次第です。

気候変動による損失増加

気候変動が原因とされる自然災害の損失額が増加しています。

1998年から2017年までの自然災害による経済損失額は、世界全体で約250兆円。国別の経済損失額は、米国が100兆円、中国が50兆円、日本が40兆円、インドが10兆円となっています。この経済損失を招く原因である災害のうち、洪水が3000件以上（全体の約4割）、嵐が2000件（同約3割弱）と多発しています（出典：国連国際防災戦略）。

台風は大型化し日本への上陸が増え、大雨や暴風等による甚大な被害が増加しています。過去の経験則が通用しないほど広範囲での激甚災害が発生し復旧も長期化傾向です。2019年の台風19号では新幹線の車両が水没するという衝撃的な映像を目の当たりにして、「地球環境が変わってしまった」、「日本が熱帯化したのか」という声も。日本損害保険協会の調査データ（2019年3月時点）では、災害が激甚化傾向にあるため支払保険額も多額化、結果として激甚災害による損失の増大が明らかとなっています。

気候変動リスクは、他のリスクを誘発するおそれがあります。例えば、気候変動によって草木が育たなくなる地域が増えると、草食動物が絶滅の危機に直面します。人類にもこの気候変動の影響が及びます。生物多様性の喪失と絶滅は食物連鎖の崩壊につながり、食糧危機や水不足の要因に。食糧や飲料水を巡る国家間紛争という最悪のケースも絵空事ではありません。このような事態を引き起こさないために、私たちは一つ一つ行動していく必要があります。

[3]

SDGs推進、始まる

——日本におけるSDGsの取り組み【行政編】

政府一丸のSDGs推進

２０１９年12月にスペインのマドリードで開催されたCOP25では、日本が石炭火力発電を継続することで二酸化炭素を排出し地球温暖化対策に消極的であるとして、国際的な環境団体ネットワークから「化石賞」という不名誉な賞が贈られました。

しかし日本は手をこまねいていたわけではありません。政府は内閣総理大臣を本部長、全ての国務大臣を構成員とするSDGs推進本部を２０１６年5月に設置。関係行政機関相互の緊密な連携を図り、総合的かつ効果的に推進しています。SDGs推進本部では、SDGsアクションプランを定め、大企業等だけでなく、中小企業におけるSDGs取り組み強化を明言しています。

日本全体におけるSDGsの推進段階は、創出期（２０１６年5月SDGs推進本部設置～）、基盤形成期（２０１７年12月「SDGsアクションプラン２０１８」

～）を経て、すでに具体的実行期（２０１８年12月「ＳＤＧｓアクションプラン２０１９」～）に突入しています。

日本政府一丸となりＳＤＧｓが推進され、各省庁や大企業等との協調の下で、積極的な取り組みが実行されています。一方、中小企業においてはＳＤＧｓ導入が思うように進んでいるとはいえません。中小企業におけるＳＤＧｓ経営は、持続的な事業成長の礎となるものです。そのために先ずは、私たち一人一人がＳＤＧｓを認識・実行する気持ちを持つことが大切です。

経済産業省のＳＤＧｓ推進

経済産業省は、地球温暖化の対策について環境、経済、エネルギーの３つのバランスを取りながら、具体的な施策を実施・検討するとしています。また、地球温暖化への適応をビジネスチャンスと捉え、企業の参入促進を企図して「企業のための温暖化適応ビジネス入門」を作成・公表しています。

国際社会が気候変動対策を推進する姿勢は、世界の政治情勢が激変する中でも一貫しています。国連の推計によると２０２０年には気候変動対策に年間１０００億ドルの市場規模に、また世界の潜在的市場規模は２０５０年時点で年間最大50兆円に広がります。

中小企業に目を向けてみましょう。経済産業省は、事業規模が小さくても自社の製品やサービスをＳＤＧｓと関連付けることにより、大小様々な企業とパートナーシップを構築して世界市場をターゲットとすることができると分析。特にビジネスチャンスが見込める事業分野を７つ示しています（出典：経済産業省ＨＰ）。

① 自然災害に対するインフラ強靭化：インフラ強靭化、防災インフラの構築
② エネルギー安定供給：非常用電源の開発、電力供給の安定化
③ 食糧安定供給・生産基盤強化：作物収穫の向上と安定化、環境負荷の低い農業の導入、気候変動に強い作物品種の開発と導入
④ 保健・衛生：気候変動による感染症の拡大防止と治療
⑤ 気象観測および監視・早期警戒：気象観測と監視、早期警戒システム

⑥　資源の確保・水安定供給：安全な水の供給、水不足への対応

⑦　気候変動リスク関連金融：天候インデックス保険、天候デリバティブ

言いかえると、気候変動が引き起こす将来の地球環境が、①自然災害が増え、②エネルギー供給が寸断されるリスクが増し、③食糧収穫量が減少し、④感染症が拡大し、⑤気象変化が大きくなり、⑥水不足となり、⑦これらにより事業者が多大な損害を被る、という環境になりかねないということです。このような地球環境になることを防ぐためにも、7つの事業分野をビジネスチャンスと捉えて、前向きに取り組むことが大切です。

国土交通省のSDGs

国土交通省は、不動産分野のSDGsを推進しています。例えば、オフィスビル、学校、病院、ホテル等の建築物を対象にして、省エネルギーの推進とともに太陽光発電等によるエネルギーを創出、使用エネルギーをゼロにするというZEB（ゼブ）。

2020年までに新築公共建築物等で、30年までに新築建築物で、平均でのZEBを目指すという政策目標を設定しています。環境に良い建物である省エネ性能の高い建物は光熱費の削減につながり、長期的なライフサイクルコストを低減できるため、結果として不動産の価値を高めます。

オフィスビルや商業施設は、使用するエレベーターおよび照明等の電力が省エネでさらに再利水を使用すること、従業員が快適に過ごせること、人が集まり街の活力源となることが重要です。これらは環境や社会に良い影響をもたらす要件でまさにSDGs17のアイコンのうち目標7・エネルギーをみんなに　そしてクリーンに、目標8・働きがいも経済成長も、目標11・住み続けられるまちづくりを、目標12・つくる責任　つかう責任などに該当します。

環境省のSDGs推進

環境省では1996年より、中小企業等の幅広い事業者に対して、自主的に「環境への関わりに気づき、目標を持ち、行動することができる」簡易な方法を提供する目的でエコアクション21を策定し普及を進めてきました。この取り組みは、環境マネジメントシステム、環境パフォーマンス評価および環境報告を一つに統合したもの。これに取り組むことにより、中小企業等でも自主的・積極的な環境配慮に対する行動が展開でき、かつその結果を環境活動レポートとして取りまとめて公表できるように工夫されています。

また、事業者の環境への取り組みを促進するとともに、その取り組みを効果的・効率的に実施するため、国際標準化機構のＩＳＯ１４０００を参考とし、中小企業等において取り組みやすい環境経営システムのあり方を規定しています。この環境経営システムを構築、運用、維持することにより、環境への取り組みを進めるだけでなく経費の削減や生産性・歩留まりの向上等、経営面でも効果があるとしています（出典：環境省ＨＰ）。

「働き方改革によるＣＯ２削減効果の簡易算定ツール」も提供されています。働き方改革がＣＯ２削減につながることを「見える化」するため、テレワークや長時間労働削減の取り組みによるＣＯ２削減効果を簡易に算定するツールです。テレワークなどを活用した柔軟な働き方は、移動に伴うＣＯ２排出量の削減やペーパーレス化などの環境保全効果も期待されています。このツールでは、通勤方法を車通勤から鉄道通勤に変える、テレワーク・自宅作業実施、残業減、クールビズ・ウォームビズ、照明のＬＥＤ化などを取り組みとして示しています。ＣＯ２削減効果を数値で把握し、推移をグラフで可視化することもできます。ＣＯ２削減のＫＰＩ（重要業績評価指標）と検証にも役立ち、ＰＤＣＡ（Plan, Do, Check, Action）のサイクルにより、好循環を生み出すことが可能です。

農林水産省のＳＤＧｓ

農林水産省は、食品産業が様々な栄養素を含む食品を安定供給することで、ＳＤＧｓが目指す豊かで健康な社会に貢献できる産業であるとして、事業を通してビジネスが発展できることを示しています。特に高齢化が急速に進む中、人々の健康な生活を支えるためにどのような製品やサービスが必要か、そのために何を革新すべきかを重点課題として位置付ける企業が増えています（出典：農林水産省ＨＰ）。

例えば、気候変動で農産物が収穫できない、乳製品が安定供給されない等の影響は、食品小売業や飲食業へのリスクと直結するため、持続的な事業成長にはＳＤＧｓの考えを経営戦略に織り込むことが大切です。

ＩＰＣＣ（国連気候変動に関する政府間パネル）の特別報告書では、温室効果ガス排出削減が十分に進まなければ気温上昇などによる食糧生産への悪影響が拡大し、２０５０年に穀物価格が最大23％上昇する可能性があるとされています。大企業や金融機関はこれを受けて取り組みを強化。気候変動への対応に関する情報開示を行う企業数が増加し、しっかりとした定量的な情報開示に努めています。

各地方自治体のＳＤＧｓ推進

各地方自治体のＳＤＧｓ推進も行われています。内閣府では地方自治体によるＳＤＧｓの達成に向けた取り組みを公募し、ＳＤＧｓ未来都市を選定しています。ＳＤＧｓ未来都市とは、内閣府の認定を受け、経済・社会・環境の3側面における持続可能な開発を統合的取り組みとして推進するものです。

２０１９年度に選定されたＳＤＧｓ未来都市は、北は岩手県陸前高田市から、南は沖縄県恩納村まで全31都市。沖縄県恩納村は「『サンゴの村宣言』ＳＤＧｓプロジェクト」として、サンゴをはじめとする豊かな自然環境の保全により、観光産業の高付加価値化を図り、その収益を村民に還元する仕組みを構築し、サステナブルツーリズムの実現や、将来世代の育成と全員参加型社会の実現、サンゴなど豊かな自然あふれる社会の実現に向けて各主体が連携するサステナビリティ・ハブ導入事業で相乗効果を生み出すとしています。

なお、沖縄県恩納村には、ＳＤＧｓ推進ネットワーク福岡（一般社団法人福岡県中小企業診断士協会）が主催するＳＤＧｓセミナーについて後援をいただいています。

当会のＳＤＧｓ活動をサポートいただいた大牟田市（福岡県）と宇部市（山口県）は、いずれもＳＤＧｓ未来都市です。

〈大牟田市のSDGs推進〉

大牟田市では、時代を学ぶ「タイムツーリズム」に取り組んでいます。これは、

○近代の成り立ちを学ぶ「近代化産業遺産（含む世界遺産）」

○中心市街地の空きストックで「ビンテージ」展開される新しいまちづくり

○世界に先駆けた高齢化（日本平均の20年先）の大牟田市の状況

を組み合わせ、全く新しい「時代（パラダイム）」を学ぶ「タイムツーリズム」を創出するというものです。

大牟田市では、１９３６年竣工の大牟田市役所庁舎について保存・解体の是非が検討され、地域中小企業者では大牟田市役所庁舎の保存を希望する意見も多くあります。大牟田市役所庁舎の保存は、地域社会全体および地域中小企業者の事業にとって重要であり、存在自体が必要不可欠と認識されていることから、地域ＳＤＧｓ資源といえます。加えて、世界遺産の三池宮原坑跡・三池炭鉱専用鉄道敷跡・三池港、伝統文化

の大蛇山まつり、銀座通・新栄町等の地元商店街など、多様な資産があり、地域の魅力は、多様な視点で捉えることにより、広範で深いものとなります。

地域ＳＤＧｓは、ＳＤＧｓ17の目標の8、11、17が基本となります。

【目標8】 働きがいも経済成長も

【目標11】 住み続けられるまちづくりを

【目標17】 パートナーシップで目標を達成しよう

大牟田市では、ＥＳＤ（Education for Sustainable Development：持続可能な開発のための教育）推進のため、全ての市立学校がユネスコスクールに加盟しています。大牟田市ＥＳＤ推進本部は、市長が本部長、教育長が副本部長、各部局長が本部員となり、各部局がＥＳＤの視点を取り入れて事業を展開しています。また、市民によるＥＳＤの推進組織として、個人や地域団体、民間団体による「大牟田市ＥＳＤ推進協議会」が設立され、学校と行政と市民が協力し、市をあげてＥＳＤを推進しています。

将来を担う子供たちに、ＳＤＧｓの観点を教育することは重要です。ＳＤＧｓでは、現在の社会的ニーズを充足することに加えて、将来の社会的ニーズを充足する観点が必要です。

〈宇部市のＳＤＧｓ推進〉

宇部市では、スタートアップ施設内に宇部ＳＤＧｓ推進センターを設置して企業・団体・個人のＳＤＧｓ関連活動を推進しています。宇部市では、「〝人財が宝〟みんなでつくる宇部市ＳＤＧｓ」として、

○　産業力強化イノベーション創出のまち
○　健幸長寿のまち
○　安心・安全で快適に暮らせるまち
○　共に創る魅力にぎわいあふれるまち
○　生きる力を育み子どもの未来が輝くまち

の5つのイメージを「2030年のあるべき姿」として、企業・行政・市民・大学が連携したSDGsの達成を目指しています。

私は「人財が宝」に共感、宇部SDGs推進センターがSDGsに関する情報交換や相互交流を図る目的で運営する「宇部SDGsフレンズ」に加わりました。当会は一般社団法人福岡県中小企業診断士協会の研究会であり、基本的な活動範囲を福岡県内としており「殻を破る」ことになりますが、SDGsの「地球上の誰一人として取り残さない。人類すべて、地球環境すべて」を対象とするという概念に沿って、加入を希望したのです。

[4]

大企業はなぜＳＤＧｓに取り組むのか

——日本におけるＳＤＧｓの取り組み【企業編】

大企業がＳＤＧｓに取り組む背景

大企業は世界的な金融市場から多額の資金調達をする必要があるため、世界的な投資家動向に応えることが不可欠です。各金融機関では、環境に配慮したグリーンローン（環境によい事業への融資）などに積極的な姿勢を見せています。

また、世界規模で大量の資金を投資する団体では、ＥＳＧ投資（環境・社会・ガバナンスの充足を前提とする投資）を方針として掲げ、これらの資金調達面での要請から、大企業におけるＳＤＧｓの取り組みが進んでいるといえます。

サプライチェーン全体

大企業は、サプライチェーン全体で発注先や委託先を含めたＳＤＧｓの取り組みを加速し、ESG投資の潮流が中小企業へも押し寄せようとしています。

サプライチェーンとは、材料製造から仕入・製造・販売・廃棄など商品（またはサービス）の最初から最後までのプロセスに関わる全事業者のつながりのことです。大企業のSDGsへの取り組みを把握することは、自社が関わるサプライチェーンでの取引先大企業からのSDGs要請をあらかじめ想定しておく助けとなります。さらには、自社がSDGsに取り組む上での貴重な参考資料でもあります。そこで日本の大企業における代表的なSDGsの取り組みについてみていきましょう。

住友化学のSDGs取り組み

住友化学は、マラリアを媒介する蚊を防ぐ防虫剤入り蚊帳の製造工場をつくることで、雇用を生み出し地域経済発展に貢献する活動に取り組んでいます。この蚊帳は、国連児童基金（UNICEF）などの国際機関を通じ、80以上の国々に供給されています。また、住友化学は、世界保健機関（WHO）などが中心となって展開しているマラリア撲滅の「ロール・バック・マラリアキャンペーン」にも協力しています。住友グループ企業の事業精神である「自利利他公私一如」とは「住友の事業は自社の発展のみではなく、社会にも貢献するものでなければならない」という意味。住友化学は、SDGsを「自利利他公私一如」を具現化した活動であるとしています（出典：住友化学HP）。

住友化学におけるSDGsの17のゴールは、目標1、3、9です。

【目標1】 貧困をなくそう＝蚊帳製造の雇用創出
【目標3】 すべての人に健康と福祉を＝マラリア媒介防ぐ
【目標9】 産業と技術革新の基盤をつくろう＝蚊帳製造の産業化

伊藤忠商事のSDGs取り組み

「三方よし」の近江商人をルーツとする伊藤忠商事は、SDGsに積極的なことで知られています。同社は化学肥料・農薬多用問題解決策の一環として、綿花の有機農業化を促進する「プレオーガニックコットンプログラム」の展開に取り組んでいます。

具体的には、有機農法への転換後有機認証までに生産量が2割落ちる約3年間について、インド綿花栽培農家の収入を支援する取り組みです。これは、現地農家の子供たちが適切な教育を受け、貧困から抜け出す仕組みづくりとなっています（出典：伊藤忠商事HP）。

長期的には、市場競争力のあるオーガニックコットンの生産力を確保することで、同社の収益力に貢献する事業です。持続的に行うためには、慈善事業の位置づけではなく、収益事業の仕組みとして社会貢献を組み込むことが必要で、これがSDGsの考え方です。

伊藤忠商事におけるSDGsの17のゴールは、目標1、4、9、15、17です。

【目標1】 貧困をなくそう ＝ 綿花栽培農家の収入支援
【目標4】 質の高い教育をみんなに ＝ 教育を受ける収入支援の仕組みづくり
【目標9】 産業と技術革新の基盤をつくろう ＝ 有機農法への転換
【目標15】 陸の豊かさも守ろう ＝ 化学肥料、農薬問題の解消

【目標17】パートナーシップで目標を達成しよう＝綿花栽培農家との連携

パナソニックのSDGs取り組み

パナソニックが取り組んでいるのは環境問題。全従業員が実践する環境行動計画を策定し自社の枠を超え取引先や物流パートナー企業などのステークホルダー（直接・間接的な利害関係者）と協業して、CO2削減、資源循環、水や生物多様性の保全、化学物質による人や環境への影響低減などに努めています。

さらに環境行動計画を具現化するために「グリーン調達基準書」を定め、仕入先に対してグリーン調達サーベイの回答を要求。その根幹にあるのは、経営の神様・松下幸之助氏が重視した「自然の法理」と、慈しみと公正な考え方で万物を生かすという、「人間に与えられた使命」の自覚をもとに、社会的責任を遂行するという経営理念です。

加えて、事業活動と密接な関係をもつパートナー企業とともに、サプライチェーン連携による環境負荷低減の取り組みを進めることを明言しています（出典：パナソニックHP・グリーン調達基準書）。

パナソニックにおけるＳＤＧｓの17のゴールは、目標6、13、15、16、17です。

【目標6】 安全な水とトイレを世界中に＝水資源の保全
【目標13】 気候変動に具体的な対策を＝ＣＯ2削減
【目標15】 陸の豊かさも守ろう＝生物多様性の保全
【目標16】 平和と公正をすべての人に＝グリーン調達の制度設計
【目標17】 パートナーシップで目標を達成しよう＝パートナー企業との連携

アサヒグループホールディングスのＳＤＧｓ取り組み

イギリスの環境ＮＧＯであるＣＤＰは水分野の優良企業をリストアップしています。その日本企業の1つがアサヒグループホールディングスです。

アサヒグループホールディングスは、２０１９年1月よりグループ理念「Asahi Group Philosophy」を施行。行動指針の1つとして「事業を通じた持続可能な社会への貢献」を掲げています。その代表的なテーマは、２０５０年を期限とした事業活動における環境負荷ゼロ（ニュートラル）への挑戦。具体的には工場での水使用量削減への取り組みや、ＦＳＣ認証（森林認証）を取得し持続可能な森林管理を続けてきた社有林「アサヒの森」のさらに積極的な展開です（出典：アサヒグループホールディングスＨＰ）。

アサヒグループホールディングスにおけるＳＤＧｓ17のゴールは、目標６、９、15です。

【目標６】 安全な水とトイレを世界中に ＝ 水資源管理

【目標９】 産業と技術革新の基盤をつくろう ＝ 事業による持続可能社会への貢献

【目標15】 陸の豊かさも守ろう ＝ アサヒの森

SDGsとCSR

ＳＤＧｓが生まれる以前、２０００年代頃には企業のＣＳＲ活動（寄附などで企業が社会的責任を果たそうとすること）が浸透していました。大企業は推進室などの部署を新設、CSRは現在のESGやSDGsのように社会全体で推進されていました。

CSRとSDGsは環境や社会を大切にする視点では同じといえます。

SDGsは企業活動のみならず誰一人取り残さない私たち一人一人の活動です。一方で、CSRは企業の社会的責任として、事業外活動に関して利益を追求せずに行う地域貢献活動、寄附等を含むものです。SDGs推進ネットワーク福岡は「SDGsは地域経済、社会、環境に配慮した行動を事業活動に組み込むこと」と定義していますので、一般的なSDGsの捉え方に比べて事業活動寄りですが、事業に全く関連しない寄附等は含まない方が、納得感が得やすいと考えています。

コラム① SDGs・ESG・BCP 何が違う?

SDGsとESG

SDGsと関連が深いのがESG。ESGとは環境(Environment)・社会(Social)・ガバナンス(Governance)を重視する考え方で、2010年代から投資判断に使われるようになりました。環境や社会を大切にする視点では、SDGsとESGは共通しています。

ESGの浸透には、私たちの年金を運用する機関が大きな影響力を発揮しました。2015年にGPIF(年金積立金管理運用独立行政法人。私たちの年金を運用する機関)が国連のPRI(責任投資原則。ESGを重視する投資判断を採用することを表明するもの)に署名したことにより、ESG投資を重視する傾向が機関投資家・金融機関の間で広がりました。

ESG投資は、世界全体30兆ドルを超えて拡大を続け、海外では化石燃料等の業界を投資対象から外すネガティブ・スクリーニング(環境や社会に悪影響を及ぼす企業等には投資しないこと)が活発となり、グリーン資産(環境や社会に良い影響をもたらす資産)への投資が広がっています。

これらのESG投資の潮流が、グローバル企業のSDGs取り組みを促進し、それが大企業のサプライチェーンを構成する中小企業へも波及。個々の事業者にＳＤＧｓへの取り組みを求める要請がステークホルダーから高まりつつあるのが実状です。ＳＤＧｓ推進ネットワーク福岡が関与する大規模企業においても、関係先中小企業へのＳＤＧｓ要請が現実のものとなりつつあります。

そして今、中小企業者融資を担う地域金融機関でのＳＤＧｓ融資が始まりつつあります。環境省のＥＳＧ地域金融検討会において、地域金融機関・銀行・信用金庫等が中小企業者へ融資を行う際には、ＳＤＧｓ（ＥＳＧ）視点で、環境・社会、経済へのインパクトを評価するようにと示されたことが理由の１つです。

ＳＤＧｓとＢＣＰ

ＳＤＧｓとＢＣＰ（地震などの災害が発生した際、いち早く事業を復旧させるための計画を予め策定しておくこと）は、その観点において関わりの深いものです。先のページでも述べましたが、近年は台風が大型化し日本への上陸が増え、大雨・暴風等による甚大な被害が増加しています。過去の経験では計り知れないほどの広範囲で激甚災害が発生し、復旧も長期化しています。

地球環境に関しては、気候変動リスクを低減するパリ協定（産業革命から気温上昇を２℃以内に抑える目標）、ＳＤＧｓなどが実行されているところですが、災害発生時の「レジリエンス」の概念も大事です。

最近、新聞や書籍等で目にすることがありますが、レジリエンスは心理学・教育分野等では周囲からのストレス・環境変化・人間関係等への対応力、強さ、回復力などの意味。転じて気候変動リスク・自然災害対策の分野では、予め備えておくべき災害への復旧力という意味です。

中小企業においては、ＢＣＰ（災害時の事業継続計画）の観点で、事業リスクについて発生頻度・激甚度・優先度等を切り分け、予め対処しておくことがレジリエンスとなります。

第2章

SDGsが中小企業を強くする

[1] 中小企業におけるSDGsの認知度

中小企業のSDGs認知度

中小企業におけるSDGs認知度は僅か15%との調査があります。この調査ではSDGsに取り組む際の課題についての項目もあり、社会的な認知度が高まっていない、何から取り組んで良いかわからない、マンパワー不足、および資金不足等が上位となりました（出典：2018年12月関東経済産業局調査）。今、中小企業にとってSDGsはビジネスチャンス。経営力向上に活用を期待する経営者が増えつつあります。

SDGs推進ネットワーク福岡は、中小企業におけるSDGs取り組みの必要性を早い段階で認識していたことから、社会的な認知度向上のためのSDGsセミナーの実施、SDGsに関する相談アドバイス、SDGs導入支援、ならびに低利融資および補助金情報の提供等を実施してきました。一般社団法人福岡県中小企業診断士協会は中小企業支援の専門家団体であり、SDGs推進ネットワーク福岡として中小企業へのＳＤＧｓ支援が可能であることは、他のＳＤＧｓ関連団体にはない特徴であり、各所から共感をいただいています。

また、日本政府としては事業者の99％を占める中小企業がＳＤＧｓに取り組むことが、気候変動等への対応を含む日本全体のＳＤＧｓ達成に資するとして「ＳＤＧｓアクションプラン」では、大企業等だけでなく、中小企業におけるＳＤＧｓ取り組み強化を明言しています。

ますます高まる注目度

ＳＤＧｓ推進ネットワーク福岡が「中小企業のためのＳＤＧｓ経営力向上セミナー」を始めた当初は、参加される方が少なく、その日が雨の場合はキャンセルが発生するなど、残念ながら優先度が低い状況でした。

しかし、セミナーを続けることで注目度が高まり参加者も増え、定員を上回るときはお断りせざるを得ないこともあるという、申し訳なくも嬉しい状況となっています。

初めのころにお集まりいただいた方々に参加理由を聞くと、大企業の方は取引先中小企業へ浸透させるために自らＳＤＧｓの理解を深めたい、中堅企業の経営者の方はこれまでＣＳＲなど地域貢献に取り組んできたがＳＤＧｓにも関心がある、中小企業を支援する士業の方はＳＤＧｓという言葉を聞いたので興味を持ったなど。多くの方々はＳＤＧｓを初めて勉強する段階でした。

その後、注目度が高まるにつれて、すでに勉強済みで熱心に推進されようとしている方、自社の営業への活用を望まれる方、推進に直面されている方、実践に備えている方など、ご参加者のＳＤＧｓへの思いの深さと広がりを感じるようになりました。

[2] 中小企業がSDGsに取り組むべき3つの理由

3つの方面から要請が高まる

SDGsを取り巻く環境を長期・俯瞰的に捉えた結果、中小企業がSDGsに取り組むべき理由は、3つの方面から取り組み要請が高まっていることにあります。

① 顧客からのSDGs取り組み要請が高まっている
② 将来世代からのSDGs取り組み要請が高まっている
③ 政府からのSDGs取り組み要請が高まっている

以上の3つです。その理由を掘り下げてみましょう。

① 顧客からのＳＤＧｓ取り組み要請が高まっている

大企業は、事業規模の大きさゆえに、社会への影響も大きくなります。多くの人材がいるので、中小企業に比べて、ＳＤＧｓを推進する体制が整えやすい環境にあります。

また、大企業では事業に使う資金を多く集める必要があり、その手段として株式を公開（東京証券取引所に上場するなど）して、多数の株主から出資を集めること、および金融機関から融資（借入）を受けることなどを行います。これらの資金調達の資金の出し手は、日本に限らず世界全体に及ぶことが多くあるため、日本の企業であっても、国際的な基準で行動する必要性が生じます。

ＳＤＧｓとは別の分野ですが、企業会計の分野では、ＩＦＲＳ（国際会計基準）を採用する大企業が多くあることからも、国際的な基準で行動する必要性が分かります。

このように、大企業は資金調達の観点から国際的な基準で行動する必要性があり、世界的な課題に対処する行動をとります。ＳＤＧｓ（金融分野ではＥＳＧ）

を必須条件とする傾向はますます高まりつつあり、事業活動による影響の大きさと資金調達の面から、大企業への社会的なＳＤＧｓ要請が強まっています。これが数珠つなぎで中小企業への要請となるわけです。

事業基盤である地域社会においても、環境や社会に配慮した商品やサービスが求められる傾向にあります。これまでは健康に良いものなど消費者自身にメリットがある商品やサービスが好まれていましたが、これに加えて環境や社会に悪い影響がないか、が選択基準になってきました。大規模災害が増えるにつれて、このままでは地球環境が維持できないと実感する人が増えているのでしょう。

地域の中小企業としては、地域社会のニーズが変わりつつある事実を受け入れ、自社の商品やサービスを地域社会のニーズ変化に対応して展開することが事業成長のきっかけになります。

取引先の大企業からの要請や地域社会ニーズの変化は、中小事業者にとって大きなチャンスです。環境変化の情報をキャッチして、機を逸せずに対策を講じることは経営に不可欠な観点であり、顧客の要請に応えることは経営の根幹です。

②将来世代からのＳＤＧｓ取り組み要請が高まっている

ＳＤＧｓ経営は、人材採用に効果があるとされ、特に若い世代には訴求力があります。例えば人材採用時の面接においては、企業側の社会的な活動状況、商品の環境への配慮状況について、おおむね30歳未満の面談者は企業のホームページ等で予め調べ、面談時に質問するケースが多いようです。ＳＤＧｓ経営は、人材採用時点に会社の事業意義および社会的存在意義をＳＤＧｓにより具体的に示すことができ、就職者からの共感を多く得ることができます。

実際に、人事部門の方や人事系コンサルタントの方が、ＳＤＧｓ推進ネットワーク福岡のＳＤＧｓセミナーにも勉強にお越しになり、ＳＤＧｓ経営による人材採用、人材育成面での活用に期待が集まっています。

さらに、ＳＤＧｓが会社の方向性を具体的に示す共通指針となることで、従業員との意思統一とモチベーションの向上等、人材育成上の基盤となり得ます。若い世代、将来世代からのＳＤＧｓ取り組み要請が高まる状況下においては、長期的な視点で人事戦略を検討することが重要です。

地域の中小企業は、日々の業務に追われて、どうしても短期的な視点になる傾向があります。これは、日々の業務に集中することでもあり、経営資源が限定的な中小企業においては、あながち否定することはできませんが、やはり中長期的な視点を持つことは必要です。

ＳＤＧｓ経営は、長期的な視点でＳＤＧｓ課題を解消して、環境や社会に配慮した事業活動への取り組みを推進するものです。経営の視点を中長期に伸ばすとともに、環境や社会に良い経営をする方向に視野を広げることができます。

③ 政府からのＳＤＧｓ取り組み要請が高まっている

ＳＤＧｓは国連で採択され、日本でも政府一丸となり各省と協調し地方自治体とも連携して進めているものです。政府や地方自治体としては、大企業だけではなく、地域を牽引する中堅企業、地元密着の中小企業についても、ＳＤＧｓ経営の浸透を期待しています。実際に、政府が定めた「SDGsアクションプラン」には中小企業におけるSDGs取り組みの強化が明記され、期待の高さが分かります。

したがって、政府としては中小企業におけるSDGs取り組み要請を高める方向へ舵を切ることが予想されます。推進の実行力を高めるために、SDGsに関する経営計画の承認制度や補助金制度等の支援施策を創設することは十分に考えられます。

政府のSDGs取り組み要請が自社への追い風となるように支援施策を活用することは、中小企業政策に沿うことであり、環境や社会に良い影響をもたらす経営を組み込み実効性を高めることにもなります。すでに、省エネルギー性能を高める設備投資への補助金、BCP計画に対する認定制度および補助金の優先採択制度など様々な中小企業支援施策があり、経営革新計画または経営力向上計画の承認を受けることによる金融面および補助金等の優遇措置制度が存在します。

半面、環境や社会にマイナス影響を及ぼす企業に対しては、支援施策のハードルがあがり、経済的な負荷が課される可能性もあります。

現時点では、しっかりとSDGsに取り組み、環境や社会に配慮した「利他の心」でのSDGs経営を根付かせ、SDGsに対する金融面や補助金等の支援施策が強化される場合には、機を逸せずに活用するスタンスで先行して体制を整えるのが良いと思います。

[3] SDGs導入によるメリット

SDGs経営　3つのメリット

SDGsに関する社会的な関心は高く、中小企業においても注目度が高まっている現状と、中小企業がSDGsに取り組むべき理由をお話しました。「でも、実際にSDGsに取り組むとしてもメリットはあるの?」ここではそんな声にお答えします。実状に則して考えると、中小企業がSDGs経営を行うことによるメリットは3つあります。

① 真に良い会社になる

② お客様からの信頼を得られる

③ 新たなビジネスチャンスにつながる

端的にいえば、SDGs経営を推進することは「お客様や地域社会に支持され続ける良い会社になること」であり、逆にいえばそのような「良い会社になること」がSDGs経営の実践と考えられます。

中小企業では、長年にわたり地域のお客様に商品やサービスを提供し続けているにもかかわらず、自社が何を大事にして経営をしているのか、どういう価値を地域社会に提供しているのか、地域社会にどのように見られているかを明確に把握していないことがあります。

SDGs経営の推進は自社の存在意義を整理し、経営課題を改善することにつながっていくのです。それでは先ほどあげた3つのメリットを具体的にしながら、SDGs経営の推進が、なぜ中小企業に必要なのかを掘り下げていきましょう。

① 真に良い会社になる

「利他の心」による経営

SDGs経営とは「利他の心」による経営です。利己的に行動する時代は、すでに終わりました。SDGs経営とは、環境、社会、地域に貢献する仕組みを事業活動に組み込むことであり、地域に根差した事業活動基盤である中小企業にとっては、必要不可欠な観点です。

SDGs経営は、事業活動と関係のない寄附などの慈善活動に熱心になるというより、事業活動を行うことで特別に意識しなくても結果として環境や社会に良い影響をもたらすことになる仕組みづくりです。

例えば、企業が事業活動をするにあたり、自社だけが発展・成長すれば良いという考えの下で自社の利益のみを追求すると、環境や社会はどうなるでしょうか。産業革命以降、資本主義の名のもとに、利益追求、効率追求の時代が続いてきました。その結果、大気汚染、森林伐採および地球温暖化等の地球環境問題が生じたのです。

この反省から、現在では経営判断にあたり、SDGsの観点から環境や社会が存続できるよう配慮することが重要視されています。一方、地球温暖化等の地球環境問題への対応は世界共通の最重要課題ですが、企業が利益を度外視して環境や社会を配慮し続けるのは不可能です。企業が一定の利益を生み出し続け、その事業の仕組みの中に利他の心で行動する基準を組み入れるのが、ＳＤＧｓの考え方です。

ＳＤＧｓ経営を行うことで、環境や社会に良い影響をもたらすこと、地域社会に貢献することが、事業活動を通じて持続的に実行できるようになります。「利他の心」による経営で真に良い会社になれば、意識することなく環境、社会、地域に貢献することが可能となり、周りからも良い会社と認識されるようになります。

ＳＤＧｓ経営の基本的な考え方「利他の心」による経営で良い会社になる。それはパナソニック創業者である松下幸之助氏が大切にした考え方です。逆の見方をすれば「利他の心」による経営であればこそ社内に受け入れられ、事業が成長したともいえます。これについては、松下幸之助氏の理念を経営コンサルタントの視点から解説した小宮一慶さんの著書『松下幸之助パワーワード　強いリーダーをつくる１１４の金言』のパワーワード39「企業は社会の公器」に記されています。「企業の役割は社会生活を向上させることで、社会に貢献しなければならない。企業は社会から預かっている公器だから」。企業は社会に貢献するために存在するもので、それこそが存在意義であるということです。ＳＤＧｓ経営は、環境や社会に良い影響をもたらす視点を取り入れるため、自社を「社会の公器」として存在意義を明確にするメリットがあります。

② お客様からの信頼を得られる
存在意義の無い企業は長続きしない

お客様の信頼を得るためには、自社の存在意義が明確であり、地域になくてはならない存在であることが必要です。ＳＤＧｓ経営では、環境や社会に良い影響をもたらすことを強く意識するため、自社が地域に不可欠の存在なのか、どのような価値を地域社会に提供しているのかを考え、明確にすることができます。

２０１９年はタピオカが大人気になりました。おしゃれなお店が多く増え、大行列が絶えないお店をよく見かけました。テイクアウトのお店であれば、小さな店舗面積と少額の設備投資で事業を始められるとあって、新規事業としてチャレンジする方が多くありました。しかしながら、流行が一段落すると多くの店が閉鎖を余儀なくされたようです。

社会の動向を把握して新規事業に挑戦することは良いことですが、存在意義を明確にせず、一時のブームに乗じるのみでは長続きはしません。一部には、短期間のブームの間に投資資金を回収できるほど高い価格設定、利益率を過剰に高める安価重視の原材料使用、お客様軽視のお店もあったようです。

一方で、材料調達に配慮するなどお客様の健康面に心配りのあるお店、ゆったりお客様に憩いの場を提供しているお店は存続しているそうです。これは極端なブームの例ではありますが、いかに存在意義を明確にすることが大事なのかを認識していただきたいと思います。

自社が無くなったらお客様は悲しむか

ＳＤＧｓ経営では、事業活動を通じて関係する相手先に対して、どれだけの影響があるのかを考えます。事業の相手先には、株主（オーナー）、借入をしている金融機関、仕入先企業、得意先企業、地域のお客様などがあります。地元密着の中小企業であれば、経営者がオーナーであることが多く、基本的には自社の収益源泉となるお客様への影響を第一に考えます。

ご自身の会社を考えてみてください。自分の会社は、長年にわたり地域に愛され固定客も多く「仮に自社が無くなったらお客様は悲しむに違いない」とお考えになると思います。では、なぜ自社はお客様にとってなくてはならない存在なのか、どのような意義や価値を提供しているのか。それをよく考えることが自社にとって重要であることを示す例を1つ挙げましょう。

人口規模の大きな都市で約10年間にわたり営業を続け、固定客も多く順風満帆の整骨院。お客様が増えたことから、事業拡大のため2㎞ほど離れた場所に拡張移転しました。「さほど遠くへ移転するわけでもなく、お客様は付いてきてくださるだろう」と考えていましたが、予想に反して大半は他の整骨院へ移り固定客が激減したのです。

整骨院はこの失敗を教訓に、ＳＤＧｓ経営の視点で自社を見つめ直し存在意義を明確にした上で、経営改善を図ることに。もともと院長はお客様への心配りが丁寧で施術も好評であり、経営は再び軌道に乗るものと確信しています。

③　新たなビジネスチャンスにつながる
大企業のSDGsに対応する

取引先ニーズへの適合は、経営の基本です。大企業はSDGsに積極的で、SDGs方針を定めた上で、サステナブル調達基準書を設定し、仕入先に対して要請しています。中小企業において、重要な取引先が特定の大企業である場合は、その取引先のSDGs方針およびサステナブル調達基準書を丹念に把握する必要があります。一つ一つの項目について適合状況を確認し、不適合項目については適合するための方策を検討しましょう。

大企業のSDGs取り組みを把握し積極的に対応することで、新たな取引関係を結ぶきっかけになります。大企業からのSDGs要請に対応できない中小企業は選別・淘汰されますが、SDGsを新たなビジネスチャンスとして認識し積極的な取り組みを行う中小企業には明るい道が開けます。大企業はSDGs関連の情報をホームページに掲載しているので自由に閲覧できます。さあ、今がチャンスです！

SDGs情報発信でビジネスチャンスを

自社の商品やサービスに関するSDGsの取り組みを発信することで、新たなビジネスチャンスにつながる可能性があります。

例えば、ある食品関連企業がSDGs取り組みとして、棚卸廃棄商品が収支を圧迫している内部環境の改善をするための具体策が（A）廃棄ロスの削減と、（B）高齢化が進む地域でのお届けサービス提供であるとします。これらの取り組みをSDGsの17個のゴールに紐づけ分類すると次のようになります。

（A）廃棄ロスの削減

【目標14】 海の豊かさを守ろう（③環境課題・全体課題）

【目標15】 陸の豊かさも守ろう（③環境課題・全体課題）

（B）買い物弱者（高齢者）へのお届けサービス

【目標2】 飢餓をゼロに（①世界課題）

【目標3】 すべての人に健康と福祉を（①世界課題）
【目標11】 住み続けられるまちづくりを（②産業課題）
【目標17】 パートナーシップで目標を達成しよう（③環境課題・全体課題）

（A）と（B）のSDGs取り組みは①世界課題、②産業課題、③環境課題・全体課題、の3区分を網羅しています。食品関連企業で多いSDGsゴールである目標2・3・14・15に加えて②産業課題（目標11・住み続けられるまちづくりを）を充足しており、地域を事業基盤とする中小企業としてバランスの取れたSDGsになっています。また、経営資源が限定的な中小企業にとって、事業者間連携は新規事業を検討する上で有望な選択肢のため、目標17・パートナーシップで目標を達成しよう、も重要な観点です。

中小企業がSDGs取り組みをアピールする際に大事なポイントは、自社の商品やサービスを購入するお客様が、SDGsによる効果を認識しやすくすることです。この食品関連企業の取り組みでいえば、（A）廃棄ロスの削減、（B）買い物弱者（高齢者）へのお届けサービスについて、それぞれの実施効果を「定量的に把握」しデータを蓄積して公表します。以前より実施してきた事項であれば、過去から現在までの実績、現在から将来への目標を時系列にして、推移を分かりやすく示します。SDGs取り組みを定量的に把握する指標は、例えば次のようなものです。

（A）廃棄ロスの削減：削減率、廃棄量、原価率、再利用率等
（B）買い物弱者へのお届けサービス：お届け点数、利用者数、顧客満足度等

このようにSDGs取り組みを定量的に把握し、これから取り組むSDGs目標を定量的に設定することは、自社内部ではPDCAの改善サイクルを回しやすく効果測定が可能となり、加えてお客様はSDGs取り組み効果を客観的に認識できるというメリットがあります。

金融機関との良好な関係をつくる

中小企業は事業規模に応じ、メインバンクに加えて複数の金融機関との取引を継続

する場合があります。経営者は、自社の経営状態について金融機関の担当者に対して、借入資金を着実に返済できること、十分な利益率と利益額を確保できることを説明し納得を得ることが必要です。

これまでは借入の際には経営者の個人資産を担保に入れることが多かったと思いますが、昨今は金融機関が事業の収益性と将来性を評価して融資を決定する方向へ向かいつつあります。このような状況の中、中小企業においても自社のSDGs取り組みを着実に推進し、金融機関へ向けて公表することが重要視される局面がやってくると考えられます。なぜなら地域金融機関・銀行・信用金庫等が中小企業者へ融資を行う際に、SDGs（ESG）視点で地域環境・経済・社会へのインパクトを評価すべき、と環境省のESG地域金融検討会で示され、さらには金融庁がSDGs推進に積極的に取り組むことを表明しているからです。

すでに大企業においては、環境に良い事業に対して金融機関から融資を受けるグリーンファイナンス、環境に良い事業を行うために社債を発行するグリーンボンド等が活発化し、SDGsレポートやESGレポートといわれる外部公表資料を作成することが一般化しています。

金融機関が中小企業への融資の際に、事業性等に加えＳＤＧｓ取り組みも評価されつつある状況下、中小企業もＳＤＧｓレポートを発行することで、さらに金融機関との良好な関係を築くことが可能です。金融機関向けのレポートでは、ＳＤＧｓ融資を拡大する金融機関側の意向に応じて必要な情報を網羅します。

中小企業が作成するＳＤＧｓレポートの内容は、おおむね次の項目となります。

①経営者の志および事業への思いを経営者自身の言葉で明確に示した上で、事業の社会的な意義を定義。

②自社のビジネスモデルを整理して、継続的な収益性と社会的な役割を明示。

③ＳＤＧｓ取り組みについて、中小企業の実状に則したＳＤＧｓ導入手法で全体像を整理の上で明示。これまでのＳＤＧｓ関連活動の実績と今後の計画も明示。

④これらの定性的な内容に加え、エネルギー消費量、リサイクル労働時間、勤続年数等の推移、ならびに財務状況等の定量データの表示。

[4] SDGsの実践法

中小企業のSDGs取り組み活用

SDGs取り組みの原則法として、国連が作成に関わった「SDGコンパス」があります。これはSDGsの企業行動指針を示し、企業がSDGsを活用する視点で作成されたものです。全体を5つのステップ（①SDGsを理解する⇩②優先課題を決定する⇩③目標を設定する⇩④経営へ統合する⇩⑤報告とコミュニケーションを行う）に分け、具体的手順が示されています（出典：SDGコンパス）。

この手順は、SDGs取り組みの原則的方法と言えますが、SDGs推進体制を整えることができる中堅企業や大企業が採用するもので、経営資源が限定的な中小企業にはハードルが高い場合もあります。ここでは、基本を知るという意味で、簡潔にご紹介します。

① ＳＤＧｓを理解する

先ずは、ＳＤＧｓとは何かを理解します。その上で、将来のビジネスチャンスを見極めます。これは、どのような導入アプローチを採用するかにかかわらず、共通の事項です。

② 優先課題を決定する

事業について、供給拠点、調達物流から生産、事業を経て、製品の販売、使用、廃棄に至るバリューチェーン全体で、ＳＤＧｓをマッピングします。このバリューチェーンには、企業が所有または管理する資産の範囲を超えることを含みます。仕入先や販売先の事業を含めて、ＳＤＧｓを考えるということです（これゆえ、大企業から中小企業へのＳＤＧｓ要請があるのです）。

例えば、バリューチェーンを原材料⇩サプライヤー⇩調達物流⇩操業⇩販売⇩製品の使用⇩製品の廃棄として、それぞれの段階においてＳＤＧｓに与える正の影響の強化と負の影響の最小化を図るＳＤＧｓマッピングを行います。

このSDGsに与える影響を把握するために、ロジックモデルを使用します。ロジックモデルは、投入⇩活動⇩産出⇩結果⇩影響という5段階のプロセスで、事業活動を経済、社会、環境への影響に置き換えます。

そして、SDGsに与える将来の影響度について、規模、可能性等を検討し、ステークホルダーにとって重要であるか、競争力強化に寄与するかを検討することで、優先課題を決定します。

③ 目標を設定する

ステップ2で決定した優先課題について、KPI（重要業績評価指標）を選択します。KPIは進捗度合を計測しモニタリングの効果を高めるためには不可欠の指標です。目標設定は、ベースラインを設定し、そこから向上（例えば20％増加）または削減（例えば10％削減）の目標を立てることになります。

SDGコンパスでは、目標設定は業界を牽引しイノベーションを生み出すために意欲的なストレッチ目標が望ましいとされています。そして、目標設定アプローチとしてはインサイドアウトよりアウトサイドイン・アプローチが望ましいとされています。

なお、アウトサイドイン・アプローチとは、環境や社会に関する重要な課題をまず認識してこれらを自社でどのように解決するかを検討することで、環境や社会課題を解消することを新たな事業活動に組み込み、実行する手法です。一方、インサイドアウト・アプローチとは、自社で実行可能な範囲内で環境や社会課題を解消する事業活動を行おうとする手法です。

ちなみにＳＤＧｓ推進ネットワーク福岡では、中小企業の場合はインサイドアウト・アプローチとアウトサイドイン・アプローチのバランスが大切であると考えています。

④ 経営へ統合する

ＳＤＧコンパスは、主にグローバル企業等の大企業を前提としています。そのため、このステップでは、株主、ＣＥＯ、取締役会、各部門へ目標を定着させることが重要であると定められています。ＳＤＧｓを推進するために、プロジェクトチームを設け、研究開発部、事業展開部、供給管理部、事業部、人事部等の各部門へ組み込んでいきます。

中小企業では一見すると馴染まないと感じますが、ＳＤＧｓは会社全体での理解が必要であり、各部門が連携する必要があることは、一定規模以上の中堅企業であれば共通点があります。中小企業については、経営者または総務部門等のＳＤＧｓ推進者だけでなく、会社全体で取り組むことであると理解してください。

⑤ 報告とコミュニケーションを行う

ＳＤＧｓ取り組みと進捗状況は、定期的に報告することで、多くの便益を得ることができます。大企業は、決算関係等の正規報告書に加えて、ＣＳＲ報告書やウェブサイト等を通じたコミュニケーションを行う傾向を強めています。ＳＤＧｓの報告事項は、ステークホルダーの評価・決定への影響を縦軸、企業の経済・環境・社会面の影響の重要度を横軸とするマトリックス上にマッピングします。このマトリックス上、右上にプロットされる事項ほど、優先度が高いことになります。

ＳＤＧｓは報告における共通言語であり共通の枠組みのため、コミュニケーションに有用な手法です。

このSDGコンパスの手順は、原則法であり納得感があることから、世界的な範囲で事業活動の影響が及ぶグローバル企業等で活用されています。しかし、経営資源が限定的な中小企業にとっては必ずしも現実的に使いやすいものとはいえません。中小企業におけるSDGsを推進するためにSDGコンパスを勉強したものの難解で取り組みにくい、中小企業には当てはめにくい、どうもしっくりこない、という声を聴くことがあります。

中小企業は経営者自身が営業や管理業務を担っていることが多く、経営幹部も日常業務に追われていることが多々あります。また、資金的に余裕のある企業は一部に限られます。このように、ヒト・モノ・カネ等の経営資源が限定的な中小企業が、大企業と同様の方法でSDGsに取り組むことは業務負荷の観点から困難を極めます。

ただし、業務負荷の軽減を優先するがあまり既に実施しているCSR活動および慈善活動等について、後付けで「当社はSDGsに取り組んでいます」と表明すると、※SDGsウォッシュと批判されることもあるので注意が必要です。

ＳＤＧｓ導入のあるべき論として、ＳＤＧｓとは環境や社会の課題を解決する経営上の「新たな」取り組みであるべきとの考え方からすると、もともと本業として行っている事業活動や慈善活動等は、本来のＳＤＧｓの趣旨に反すると捉える人々も多くおられます。この批判は、ＳＤＧｓを真剣に考えるがゆえに生じるものなので、しっかりと論理的なＳＤＧｓ導入を行うことで、批判から強い味方に転換することが可能です。

ＳＤＧｓウォッシュは、ＳＤＧｓに無関心であるより格段に良い行動であり、ＳＤＧｓ取り組みのひとつとも言えます。したがって、ＳＤＧｓウォッシュであっても、本格的にＳＤＧｓを事業に組み込み、新たな事業活動に取り組むきっかけになることから、批判するだけで自ら行動しない評論家より格段に良い姿勢です。

また、ＳＤＧｓウォッシュと批判された理由を綿密に分析すると、ＳＤＧｓ導入が非論理的なのが批判原因であることが分かります。したがって、中小企業の実状に則した方法で経営資源の負荷を抑えつつ、ステークホルダーから納得感を得られる論理的なＳＤＧｓ取り組みが必要となります。

そこで当会は、中小企業がＳＤＧｓを導入するにあたり限定的な経営資源の範囲内で業務負荷を過剰に高めることなく、かつ論理的な整理を可能とするアプローチ手法を考案したのです。

※ＳＤＧｓウォッシュ：うわべだけエコに取り組んでいるように見せかけた「グリーンウォッシュ」という言葉に由来する、見せかけだけのＳＤＧｓ導入への批判。

[5] SDGs導入3つのアプローチ

SDGs推進ネットワーク福岡は、中小企業がSDGsを導入する際のアプローチ法を3つ定めています。

①棚卸アプローチ
②集中的アプローチ
③経営改善アプローチ

以上3つのアプローチ法から、SDGs導入企業における経営資源、経営環境および導入スケジュール等の個別事情に則して、採用するアプローチ法を決定します。それでは、それぞれのアプローチ法の違いと、どんな企業に適しているかを見ていきましょう。

ＳＤＧｓ棚卸は商品棚卸のように

棚卸アプローチとは、まずは試しにＳＤＧｓ取り組みができそうか確認したい企業をはじめ、すでに「利他の心」の経営を行っている企業、「利他の心」の経営理念を持ちＳＤＧｓ取り組みの土壌がある企業などに適しています。

ＳＤＧｓ棚卸は中小企業のＳＤＧｓ導入を促進するために当会が考案した手法で、その定義は次の通りです。

① ＳＤＧｓ取り組みを誰に対してどのように行うかの目標を設定した後、
② 企業がすでに実施している事業活動、直ぐに実施可能な新たな活動、およびこれから発展・成長させたい事業活動を具体的に列挙した上で、
③ ＳＤＧｓ17のゴールに当てはめていくこと

一般的に棚卸というと、自社商品が適切な在庫量であるか、帳簿上と実際の在庫が一致しているかの確認を行い、その上で仕入および発注等の経営判断の礎とすること

です。ＳＤＧｓ棚卸も同様で、ＳＤＧｓに関する棚卸を行い、経営判断の礎とします。

ＳＤＧｓ棚卸には、社会課題（外部環境）を把握するアウトサイドイン・アプローチと自社全体課題（内部環境）を把握するインサイドアウト・アプローチの両面が必要です。

繰り返しになりますが、アウトサイドイン・アプローチとは、環境や社会に関する重要な課題をまず認識してこれらを自社でどのように解決するかを検討することで、環境や社会課題を解消することを新たな事業活動に組み込み、実行する手法。インサイドアウト・アプローチとは、自社で実行可能な範囲内で環境や社会課題を解消する事業活動を行おうとする手法です。

主にグローバル企業等の大企業向けであるＳＤＧコンパスによると、アウトサイドイン・アプローチが望ましく、インサイドアウト・アプローチは重要でないとの見解があります。しかし当会では、中小企業がＳＤＧｓ取り組みをする場合はアウトサイドイン・アプローチとインサイドアウト・アプローチとのバランスが大切だと考えています。地域の中小企業は経営資源が限定的であり全方位的なＳＤＧｓ推進が困難であること、従業員個々の能力に依存する割合が大きく働きやすさ向上等の自社課題の解消が重要であることから、インサイドアウト・アプローチの視点を持つことは不可欠です。

地域の中小企業者にとっては、事業活動の基盤である地域社会の魅力や地域資源等が外部環境であり、自社の事業活動における強みおよび経営資源が内部環境となります。したがって自社が成長発展するには地域社会が成長発展し、かつ地域社会の環境が豊かで持続的であることが必要であり、さらに自社が地域社会にとって必要な存在として地域住民の皆様に共感を得ていることが大切です。繰り返しになりますが、SDGs経営とは利己的ではなく「利他の心」による経営です。

SDGs棚卸は自社全体課題を対象とすることに加え、外部環境（地域）も対象として実施します。地域SDGs資源については多様なものが存在するため、地域それぞれの個別事情に沿った整理が必要です。

中小企業が地域SDGs資源と自社SDGs資源を活用して経営力を向上させるには、外部環境である地域のSDGs棚卸を実施した上で、事業者自身の自社全体課題のＳＤＧｓ棚卸を実施して、ＳＤＧｓ導入を行うことが効果的です。ただし、中小企業の経営資源は限定的であり全てを網羅して取り組むことは困難ですので、個々の中小企業者の事情に則したＳＤＧｓ推進をおすすめしています。

集中的アプローチとは

集中的アプローチとは、しっかりとＳＤＧｓを導入し、自社の経営課題と方向性を定め、ＳＤＧｓ経営を根付かせたい企業に適しています。「集中」的アプローチとしているのは、「原則」法であり中堅企業や大企業向けであるＳＤＧコンパスと対比した名称です。ＳＤＧコンパスは「網羅」的であり、その手法を採用するには、導入の業務負荷に耐えられる人員体制が不可欠で、中小企業には現実的でない場合が多くあります。そのため、「まずは自分たちにできることから始めたい」「ＳＤＧｓをなるべく早く会社の経営に取り入れたい」という中小企業には集中的アプローチが向いています。

ＳＤＧｓ推進ネットワーク福岡では、この「集中的アプローチ」を中小企業者のＳＤＧｓ取り組みとして推奨しています。こちらも当会が独自に考案した方法で、経営者との面談等を行い、経営診断手法で企業の経営課題と方向性を明確にした上で、ＳＤＧｓの活用範囲を絞り込み推進していくアプローチです。

この集中的アプローチは「ＳＤＧｓ経営の簡単バージョン」とも言えます。会社の根幹である経営理念に沿ってＳＤＧｓ取り組みの原則論であるアウトサイドイン・アプローチの手法も考慮しつつ、ＳＤＧｓの趣旨と基本ステップを抑えた上で簡略化しています。ＳＤＧｓ導入が非論理的、いわゆるＳＤＧｓウォッシュと揶揄されることなく、論理的にＳＤＧｓ課題を深掘りした上でＳＤＧｓを事業に活用することができます。

地域社会の基盤である中小企業では、ＳＤＧｓ導入についても地域社会に貢献する観点が大切です。また、中小企業では経営者が経営判断の大半と本業の現場を担っている場合もあり、ＳＤＧｓに取り組む時間に多くを割くことは現実的ではありません。そのような事情も考慮し、同会では集中的アプローチとして、６ステップの整理および検討を通じて、SDGs導入による新たな事業展開のきっかけを作り、ヒントを探ることを推奨しています。

この集中的アプローチの具体的な6ステップは、次の①〜⑥のとおりです。中小企業の経営者でSDGsを導入されたい方は、ぜひお試しください。

まずSDGs導入の前提として、当社の地域社会における存在意義が何であるかが「経営理念」という形で明文化されているかを確認します。経営理念が明文化されていない場合は、この時点で整理することをおすすめしています。この経営理念に準拠して、次の6ステップでSDGs導入を実行します。

① 自社にとってSDGsが何であるか【課題と期待は広く多めに】

まず、SDGsに取り組むことで何を期待しているのか、何を達成したいのかを整理します。自社の内側である内部環境では、従業員不足を解消する人材採用に活用したい、人事制度を作りたい、働き方改革を実現したい、従業員満足度を向上したいなど、人事面の改善を期待することが多くあります。

集中的アプローチ

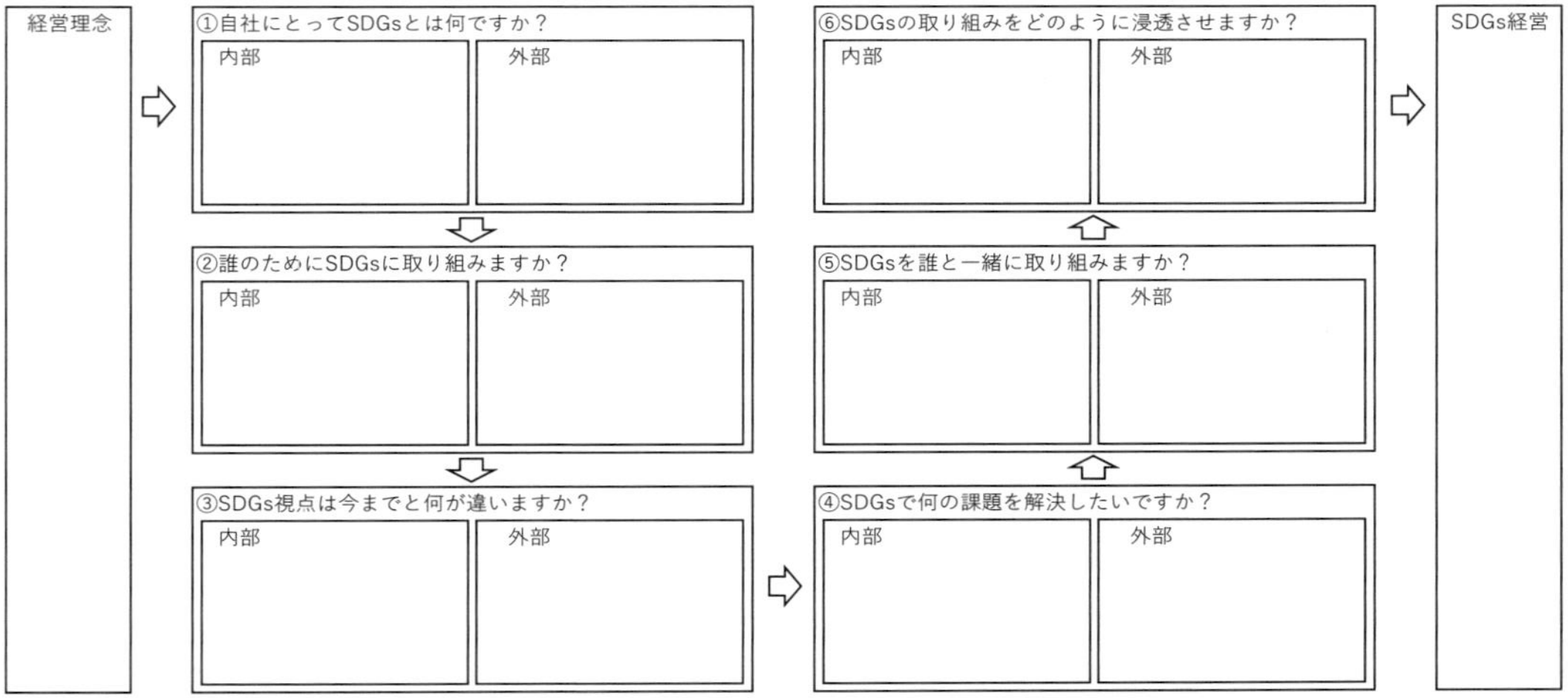

経営理念
①自社にとってSDGsとは何ですか？
内部
外部
②誰のためにSDGsに取り組みますか？
内部
外部
③SDGs視点は今までと何が違いますか？
内部
外部
④SDGsで何の課題を解決したいですか？
内部
外部
⑤SDGsを誰と一緒に取り組みますか？
内部
外部
⑥SDGsの取り組みをどのように浸透させますか？
内部
外部
SDGs経営

SDGs	1	2	3	4	5	6	7	8	9	10	11	12	13	14	15	16	17
	貧困	飢餓	健康	教育	性別	水	エネルギー	経済	技術	国格差	街づくり	使う責任	気候変動	海	陸・森	平和	連携

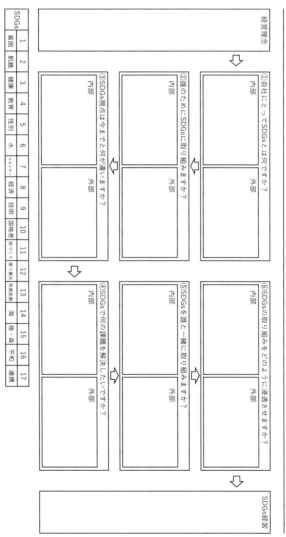

また、例えば食品関連企業では廃棄ロスを削減したい、在庫管理を改善したいなど、管理面の改善によるコスト削減を期待することが多くあります。一方で、自社の外側、外部環境では、高齢化が進んでいる、競合企業の進出が相次いでいるなど、事業基盤とする地域社会における社会環境課題を整理します。

このように解消したいと思う課題は多様で、内部環境にもあり、外部環境にもあるという状況でしょう。まずは、視野を広く取り、課題と期待する効果を多めに見つけ出すのが、このステップの目的です。

② 誰のためにSDGsに取り組むか

誰のためにSDGsに取り組むかについては、お客様のため、従業員のため、後継者のため等、様々な方向性があると思います。①のステップで、広く多めに課題と期待する効果を見つけ出した結果に基づき、SDGs取り組みの影響度が誰に向けて大きいかを検討します。

◆お客様のためのＳＤＧｓ取り組み

例えば、新商品や新しいサービスを展開したい場合には、顧客に向けてＳＤＧｓ取り組みを行った場合の影響度、販売点数や売上高が増加する見込みについて検討します。ターゲット顧客へ向けてのＳＤＧｓ取り組みには、共感を得ることによるファンづくりの効果があり、短期的な収益向上だけでなく、長期的な顧客層の獲得を視野に入れる必要があります。

◆従業員のためのＳＤＧｓ取り組み

人事系の観点での改善はＳＤＧｓとの親和性が高く、効果を期待できます。退職者が多い現状を変えるために定着率を向上させること、熟練技術者が退職するのを防ぐために再雇用制度を確立することなどをＳＤＧｓに期待しているのであれば、従業員向けのＳＤＧｓ導入になるでしょう。若手社員が不足しているため就活生からの注目度を上げることを達成したいのであれば、将来の従業員向けになります。

◆後継者のためのＳＤＧｓ取り組み

経営者が高齢となり事業承継が課題であれば、後継者のためにＳＤＧｓ取り組みを行います。後継者が必要とする経営情報は、自社の製品やサービスが環境・社会・地域経済に対してどのような価値を提供してきたのか、また事業上の提携先との協業関係はどのような経緯があるのか、などを整理する視点が必要です。

後継者の立場からすると、これまで社長の長年にわたる経営の足跡を理解した上でバトンを受け、経営を持続していく責任と重圧に耐える覚悟が必要となります。反面では、事業を成長させる意欲が高まり、既存の経営資源を活用したり積極的な外部との連携を図るなどして、新経営者としてのスタートダッシュにワクワクしていることでしょう。

意外に感じられる方もありますが、後継者への引き継ぎはＳＤＧｓ概念と親和性が高いのです。私が事業承継を支援する場合、親から子であっても従業員等へでも、社長引き継ぎ書の作成を推奨しています。後継者へ事業を引き継ぐにあたり社史を作成することもあります。これらの場合、ＳＤＧｓの視点を加えることで長期的に視野が広がり、「利他の心」での経営を引き継ぐことが可能となります。

③　ＳＤＧｓ視点での考えは今までと何が違うのか［利他の心・長期的視点］

このステップでは、ＳＤＧｓ視点で考えることで自社にとって重要であると判断する基軸に変化があるのか、今までと何が変わるのかを整理します。中小企業は日々の業務に集中する傾向がありますが、このステップを経ることで、出来る限り長期的な視点を加えることができます。これは、短期的な利益追求だけではなく、長期的な視点で、環境、社会、そして地域経済に目を向けることに繋がります。自社の事業基盤である地域社会が存続しなければ、長期的な利益を確保することは不可能だからです。

④　ＳＤＧｓ取り組みによって、何のどのような課題を解決したいのか［絞り込み］

これまでのステップで、自社のＳＤＧｓ課題と期待する効果を広めに見つけ出し、誰に向けてのＳＤＧｓ取り組み効果が高いかをステークホルダーごとに検討し、ＳＤＧｓ視点で長期的な視点を加えることを目指しました。

このステップでは、自社の経営資源で実行可能であるか、優先度が高いものは何かを検討することで、具体的に解消する最優先事項を定めます。解決したい自社内部および社会的な課題は多くある一方で経営資源には限りがあり、既存事業を着実に行うことが必要です。そのために、SDGs課題と取り組み事項の絞り込みを行います。

⑤SDGsを一緒に取り組む仲間が誰であるか【一人よりみんなで】

このステップでは、取引先企業で協力を得られる会社はあるか、従業員の推進役は誰か、SDGs支援専門家はいるか、新たな連携先はあるか、などを検討していきます。SDGs導入は長期的な視点、多面的な視点で、新たな事業展開を導くきっかけになります。このステップを共に考える仲間がいれば、柔軟な発想を促進するとともに論理的な整理をより可能にします。一人ではなく、共に考える仲間が大切です。

複数名でSDGs導入というプロジェクトを推進する場合、よく使われる手法がブレーンストーミングです。アイデアを付せん紙に記入してホワイトボードにぺたぺた貼っていく手法です。アイデアを出し分類してまとめる過程で重要なのが、プロジェクトメンバーの考えたアイデアを否定しないことです。仲間の意見を尊重しアイデアに耳を傾け前向きに関連付けることで、新たな発想が生まれます。

⑥ SDGsの取り組みをどのように浸透させるか

最後のステップでは、SDGsの取り組みを活用してアピールする方法を検討します。SDGsは、より多くの仲間と共に取り組むべきものであり、自社のSDGs取り組みが共感を呼び、周りの人々の賛同を得られることが大切です。

◆社内に対して

社内では、部署横断的に全社一丸となった推進体制を整えることが大切です。例えば中堅企業では、SDGs推進部門を設け、各部からコアメンバーを選出してプロジェクトチームを結成します。各部への連携は、このプロジェクトチームメンバーから行うことで円滑に実施できるようになります。

ここで大事なのは経営者がSDGs推進体制づくりを後押しすることです。中小企業ではＳＤＧｓ取り組みに人材を割けないことが通常ですので、経営者が旗振り役にならなければ部門横断の強力体制は整いません。

◆社外に対して

社外に対しても、自社のＳＤＧｓ取り組みに多くの共感と賛同を得たいものです。取引先、金融機関、地域のお客様へ向けて、自社のＳＤＧｓ取り組みを周知することは、事業活動自体の認知度を高めることにも繋がります。

取引先へ向けては、得意先が大企業の場合はその会社のＳＤＧｓ取り組みを調べておきます。ＳＤＧｓ取り組みの情報が見つからない場合は､同業の大企業を調べます。得意先大企業が仕入先に対してどのようなＳＤＧｓ取り組みを要請しているのかを知れば、将来の取引条件を把握する有利な材料になります。

また、地域のお客様へ向けては、店舗内への掲示、パンフレットへの掲載、イベントの開催など、普段の販促活動に彩を加える視点で、楽しく考えるのが良いのではないでしょうか。

金融機関へ向けては、自社のＳＤＧｓ取り組みを示すことで、融資がスムーズに進む場合があります。金融機関側は、グリーンローン、グリーンボンド、およびＳＤＧｓ債など、ＳＤＧｓ取り組みに対する資金供給を積極的に拡大したい事情があります。メガバンク等だけでなく中小企業者が融資を受ける地域金融機関においても同様で、ＳＤＧｓ視点の融資が増えつつあります。この理由は、地域金融機関、信用金庫等が中小企業者へ融資を行う際に、ＳＤＧｓ（ＥＳＧ）視点で、地域環境・経済・社会へのインパクトを評価することが環境省のＥＳＧ地域金融検討会で示され、さらには金融庁がＳＤＧｓ推進に積極的に取り組むことを表明しているためです。実際に、地域金融機関においてＳＤＧｓ私募債の引受け事例が増えてきています。

経営改善アプローチ

経営改善アプローチとは、経営目標を策定し、経営改善を達成することを主眼に置きつつも、その過程で整理する経営状態や経営資源を踏まえて、ＳＤＧｓを導入するものです。そのため、経営企画部門が充実している企業や中小企業診断士等の外部専門家の支援を受けられる企業向けのアプローチです。

集中的アプローチ（最初からＳＤＧｓ導入を主眼としたもの）とは異なり、経営改善に主眼を置きつつもＳＤＧｓを導入しようとするのが「経営改善アプローチ」です。

当会が経営改善アプローチを使用するには理由があります。私たち中小企業診断士が中小企業支援に関わる際は、福岡県および福岡市等の行政機関、福岡県信用保証協会、中小企業再生支援協議会、経営改善支援センター、福岡商工会議所、ならびに地域の商工会等の中小企業支援団体等の経営革新および経営改善スキームに基づくことが多くあります。この場合は中小企業の現状を把握する上での問題点や経営改善事項を整理し、経営改善アクションプランを策定します。

中小企業のＳＤＧｓ導入は、経営改善と密接に関係しています。中小企業がＳＤＧｓに取り組む目的は経営革新、経営力向上、そして経営改善の実行です。例えば新規事業、他社連携の新商品開発、販路拡大、仕入業者開拓、人材採用……。ＳＤＧｓの基軸を持つことでこれらの方向性が明確になり、ブレが無くなります。当会は一般社団法人福岡県中小企業診断士協会に所属する中小企業診断士で構成しており、専門性を活かした経営改善アプローチによるＳＤＧｓ導入支援を行っています。

このアプローチは経営状態を深く掘り下げた分析に基づき経営改善計画等を策定し、その具体的アクションプランを定めた上で、ＳＤＧｓ導入を推進するものです。導入においては経営企画部等の所管部門または外部専門家を活用してあらかじめ経営改善計画等を策定しておきます。つまり、経営革新計画および経営力向上計画の策定にもつながるのです。

ＳＤＧｓ導入は、経営改善計画等を策定した上で、具体的に次のようなステップ手順で推進します。

① ＳＤＧｓ棚卸 ⇦

② 経営資源（ヒト・モノ・カネ・ノウハウ）の制約を考慮 ⇦

③　ＳＤＧｓ経営改善プラン策定

繰り返しになりますが当会の経営改善アプローチは、経営改善計画等を策定し、その具体的アクションプランを定めた上で、その方向性に沿ってＳＤＧｓ導入を行うため、論理的に整理できるとともに事業成長の効果が高い手法です。

コラム② ＴＣＦＤとは？

ＴＣＦＤとは、「気候変動関連財務情報開示タスクフォース（Task Force on Climate-related Financial Disclosures）」の略称で、G20の要請を受け、金融安定理事会（ＦＳＢ：各国の金融関連省庁および中央銀行からなり、国際金融に関する監督業務を行う機関）により、気候関連の情報開示および金融機関の対応をどのように行うかを検討するため、マイケル・ブルームバーグ氏（アメリカの情報会社であるブルームバーグ社の創設者、２０２０年アメリカ合衆国大統領選挙の民主党候補指名争いに出馬）を委員長として設立されました。

ＴＣＦＤでは、気候変動に関する財務情報開示を積極的に進めていくという趣旨に賛同する機関等を公表しています。世界全体では金融機関をはじめとする９８３の企業・機関が賛同を示し、日本では２２８の企業・機関が賛同の意を示し、国別で日本が最多数となっています（２０２０年1月24日時点）。

この賛同により、企業・団体内における情報開示の推進や、金融機関と事業会社との間の対話促進のきっかけとなることが期待されています（出典：ＴＣＦＤコンソーシアムＨＰ）。

郵　便　は　が　き

料金受取人払郵便

８　１　２－８　７　９　０

博多北局
承　認
3150

169

差出有効期間
2021年７月
31日まで

福岡市博多区千代3-2-1
麻生ハウス３Ｆ

㈱ 梓　書　院

読者カード係　行

ご愛読ありがとうございます

お客様のご意見をお聞かせ頂きたく、アンケートにご協力下さい。

ふりがな お 名 前	性　別（男・女）
ご 住 所 〒	
電　　話	
ご 職 業	（　　　　歳）

梓書院の本をお買い求め頂きありがとうございます。

下の項目についてご意見をお聞かせいただきたく、
ご記入のうえご投函いただきますようお願い致します。

お求めになった本のタイトル
ご購入の動機 1書店の店頭でみて　2新聞雑誌等の広告をみて　3書評をみて 4人にすすめられて　5その他（　　　　　　　　　　） ＊お買い上げ書店名（　　　　　　　　　　）
本書についてのご感想・ご意見をお聞かせ下さい。 〈内容について〉 〈装幀について〉（カバー・表紙・タイトル・編集）
今興味があるテーマ・企画などお聞かせ下さい。
ご出版を考えられたことはございますか？ ・ある　　・ない　　・現在、考えている

ご協力ありがとうございました。

第3章

中小企業SDGs　経営の実践事例

ここではＳＤＧｓ経営の事例をご紹介します。本書で示している中小企業がＳＤＧｓに取り組むべき3つの理由を背景として、中小企業がＳＤＧｓの3つのメリットを享受した事例です。

中小企業がＳＤＧｓに取り組むべき3つの理由

① 顧客からのＳＤＧｓ取り組み要請が高まる
② 将来世代からのＳＤＧｓ取り組み要請が高まる
③ 政府からのＳＤＧｓ取り組み要請が高まる

中小企業がＳＤＧｓに取り組む3つのメリット

① 真に良い会社になる
② お客様からの信頼を得られる
③ 新たなビジネスチャンスにつながる

[1] SDGs経営のメリット

事例Ⅰ：石坂産業株式会社

埼玉県にある産業廃棄物処理業者の石坂産業株式会社では、代表取締役の石坂典子さんが自ら推進して産業廃棄物処理業者のイメージを変える取り組みを行ってきました。地域の皆さまが受け入れ、社会的にも高い評価を得たのはSDGs経営の実践があったからです。

産業廃棄物処理業者は日々の生活で排出した廃棄物を処理する事業で、世の中になくてはならない存在にもかかわらず、残念ながら地域の皆様から自社が歓迎されない状況にある。代表の石坂さんはそう感じていました。

そこで、地域の皆様（お客様）が排出する産業廃棄物があるからこそ自社が成り立っていると改めて認識し、お客様（顧客）からの産業廃棄物処理業者へのSDGs要請を真摯に受け止めることにしました（中小企業がSDGsに取り組むべき3つの理由：

①顧客からのＳＤＧｓ取り組み要請が高まる)。

石坂さんは、顧客からのＳＤＧｓ要請に対応するために、産業廃棄物処理業を通じて真に良い会社になることで地域の皆様からの信頼を得たいと考えました（中小企業がＳＤＧｓに取り組む３つのメリット：①真に良い会社になる、②お客様からの信頼を得られる)。

石坂さんは、自社の事業は不可欠な存在だが、事業を続ける上では地域の皆様に自社が真に良い会社であると認識され信頼を得ることが必要であり、そのためには環境面でのマイナスを感じないような配慮が必要と考えました。そして地域の皆様に、自社産業廃棄物処理の安心安全性を実感いただくために、より身近な存在になることが大切との考えに達しました。これを実践するため施設を産業廃棄物処理の様子が見学できるよう明るく快適なものに作り替え、工場見学を受け付けました。現在では、地域の皆様をはじめ同業者の方などが多く訪れ、安心安全性を実感されています。

また、同社の従業員は地域の皆様とともに里山の清掃を持続的に行っています。同社が地域にとって身近な存在になった証であり、産業廃棄物処理業者の「殻を破る」

取り組みです。代表の石坂さんにお聞きしたところ、自社の持続的な取り組みが社会的に評価されることで、地域の皆様との信頼関係が築けることはもちろん、従業員の励みになりモチベーションアップに繋がっているそうです。

石坂産業におけるＳＤＧｓ17のゴールは、目標8、11、12、15、17です。

【目標8】 働きがいも経済成長も（従業員のモチベーションアップ）

【目標11】 住み続けられるまちづくりを（安心安全な産業廃棄物処理）

【目標12】 つくる責任　つかう責任（産業廃棄物処理業そのもの）

【目標15】 陸の豊かさも守ろう（産業廃棄物処理と里山清掃の組み合わせ）

【目標17】 パートナーシップで目標を達成しよう（地域の皆様との協働）

産業廃棄物処理業・医療法人に特化した経営コンサルタントである上杉孝幸さん（行政書士）にお聞きしたところ、産業廃棄物処理業だけでなく、医療法人においてもＳＤＧｓ視点での取り組みが始まっています。

事例Ⅱ：日之出産業株式会社

福岡県久留米市にある日之出産業株式会社は、大型の建築機械を多数所有し九州一円から中国地方にまで施工実績のある総合建設企業です。同社は環境や社会に配慮したＳＤＧｓ経営を実践しています。

ＳＤＧｓ経営は、パートナーシップで課題を解決することが大切ですが、重要なパートナーである筑後信用金庫との出会いは感動的でした。もともと同社のメインバンクは筑後信用金庫でしたが、バブル期の業容拡大期において同社はメインバンクを他行へ切り替えました。

しかしバブルが崩壊すると切り替え先は手形割引を引き受けないようになりました。資金繰りの危機。そのとき、かつてのメインバンク筑後信用金庫が手形割引を引き受け、同社は危機を脱することができたのです。

ここから同社と筑後信用金庫との真のパートナーシップが始まりました。筑後信用金庫では、中小企業診断士による経営革新計画の策定を支援して、同社が新規事業として太陽光発電の造成工事に取り組むことをサポートしました。経営革新計画はＳＤ

Ｇｓとの親和性が高い事業計画策定の仕組みで、新たな事業の取り組みが要請されるものです（中小企業がＳＤＧｓに取り組むべき3つの理由：③政府からのＳＤＧｓ取り組み要請が高まる）。

さらに同社は環境への配慮と社会課題への対応として、電動ミニカーの販売に着手。同社が本社を置く地域は公共交通機関がなく自家用車がメインで、高齢者の交通手段確保が課題となっていました。電動ミニカーの販売は、環境に配慮しつつ、社会課題を解決する事業です（中小企業がＳＤＧｓに取り組む3つのメリット：①真に良い会社になる）。

ここでも筑後信用金庫は、金融面以外の支援も行いました。「しんきん合同商談会」等において取引先企業への参加を呼びかけ、販路開拓や人材採用を強力にバックアップ、実際に成果もあがりました（中小企業がＳＤＧｓに取り組む3つのメリット：③新たなビジネスチャンスにつながる）。

筑後信用金庫は「しんきん合同商談会」の前に中小企業診断士による取引先企業と

の事前マッチング面談を行い、商談会の効果を高める取り組みも行っており、それが実際の成果に結びついたと考えています。

日之出産業におけるＳＤＧｓ17のゴールは、目標3、7、11、17です。

【目標3】すべての人に健康と福祉を（高齢者の交通手段を確保）

【目標7】エネルギーをみんなに　そしてクリーンに（太陽光発電造成）

【目標11】住み続けられるまちづくりを（高齢者の交通手段を確保）

【目標17】パートナーシップで目標を達成しよう（金融機関との縁で）

[2] アプローチ法別実践事例

ここからは中小企業がSDGs経営を導入する段階における各導入アプローチについて、具体的にどのようなやり取りがなされているか、幾つかの事例でご紹介します。

事例Ⅲ：集中的アプローチ

A社は、かつて旧街道宿場町として栄えた某中規模都市の、老舗食品製造販売会社。既存事業に加えて新たな事業の柱を育てたいと考えていました。そこで、SDGs取り組みにより、経営理念である「食により楽しさと健康を地域の皆様へ提供する」を充足する新規事業を検討することに。以下は、相談を受けた私と社長との面談記録からピックアップしたものです。

著者「御社の決算書で表れる数字面を良くするためにこれから実施していくアクショ

ンプランを定めました。新規事業を具体化させるにあたり、社長が大切にされている地域社会と共に発展したいという思いにピッタリの考え方があります」

社長「当社は地域のお客様に支えられてきました。私たちの街が住みやすく経済的にはもちろん住環境も満たされていないと、当社も必要とされなくなります。そもそも、社長の私自身も当社の従業員もこの街に住んでいますから、地域社会と共に発展したいと考えているのです。ところで、その考え方とは？」

著者「ＳＤＧｓを組み込んだ経営です。ＳＤＧｓ経営は『利他の心』での経営であり、環境や社会に配慮した事業活動を行うことで企業の収益を上げていこうとする考え方です」

社長「環境や社会に配慮するという点であれば、当社でも地域の慈善団体へ寄附を行っていますよ」

著者「地域の慈善団体への寄附は良いことですね。ＳＤＧｓ経営では、単なる慈善活動ではなく善い行いを事業そのものに組み込み事業活動を行うことで環境や社会に良い影響をもたらします。企業の利益を上げ、従業員の給与も上げ、地域経済も発展させようとする積極的な取り組みです」

社長「当社ではもともと同じような考え方で、『食により楽しさと健康を地域の皆様へ提供する』という経営理念もあります。これは取り組みやすそうですね」

著者「では、具体的にＳＤＧｓを事業に組み込むことを検討していきましょう」

この経営理念に準拠して、①自社にとってＳＤＧｓが何であるか、何を期待しているのか、何を達成したいのかを検討した結果、ＳＤＧｓに取り組むことで新規事業を創出し、地域のお客様へ食によって楽しさと健康を提供することを達成したいと考えました。

次に、②誰のためにＳＤＧｓに取り組むかを検討した結果、先ず地域のお客様に喜んでいただくために、健康に良く美味しいものを楽しく食べる憩いの場を提供したいと考えました。加えて、長く勤めている従業員に特技やスキルを活かす場、向上心を生む場、やりがいを感じる場を提供したいと考えました。

そして、③ＳＤＧｓ視点での考えは今までと何が違うのかを検討した結果、自社がＳＤＧｓ視点で考えることでより一層地域のお客様に喜ばれること、従業員に働きがいを感じてもらうこと、そしてお客様の健康に良い材料を使うこと、さらには食材生産者もまた健康で文化的な生活を過ごしているのかについても、深く考えを巡らすようになりました。

ここまでの手順で、ＳＤＧｓ取り組みの意義、効果、視点を整理できます。ＳＤＧｓ17のゴールでは、8・働きがいも経済成長も、11・住み続けられるまちづくりを、15・陸の豊かさも守ろう、などに該当するものです。

すでにこの段階で、検討メンバーの従業員には、確固たる共感を得られるようになっていました。

具体的な検討段階として、④ＳＤＧｓ取り組みによって、何のどのような課題を解決したいのか、を具体化しました。Ａ社は新規事業の柱を創造したい、お客様にさらなる食の楽しさと健康を提供したいと考えていました。既存事業では、楽しさと健康を提供することがやや弱まったのかもしれないとも感じ、ここが課題であり解決したいポイントと考えました。

次に、⑤ＳＤＧｓを一緒に取り組む仲間が誰であるか、取引先企業で協力を得られる会社はあるか、従業員の推進役は誰か、ＳＤＧｓ支援専門家はいるか、新たな連携先はあるか、などを検討しました。幸いにも健康素材は既存仕入先から協力を得られ、食の楽しさを提供する料理のワークショップは地域住民の皆様や生産農家からの協力があり、新規事業の組み立てや事業化は中小企業診断士の専門家が寄り添いＳＤＧｓ支援も可能でした。

Ａ社は、これまでは物販事業のみでしたが、健康素材を用いたカフェ事業に新規参入し食の楽しさの場を提供することを始めると共に地元食材を用いた料理ワークショップも行うこととしました。カフェで提供するケーキは栄養士の資格を持つ従業員の手作り、コーヒー豆は適切な栽培方法のものに厳選。接客する従業員もお客様から嬉しい声をいただきやりがいを感じています。地元食材を使用することで、地元の経済やまちづくりにも貢献しています。ＳＤＧｓ17のゴールでは、８・働きがいも経済成長も、11・住み続けられるまちづくりを、15・陸の豊かさも守ろう、などに該当するものです。

これらの効果を高めることを企図して、⑥ＳＤＧｓの取り組みを活用、訴求するために、社内や社外に対して、どのように浸透させるかを検討しました。店舗内へ掲示し金融機関との面談時にＳＤＧｓを会話に入れると心証が良くなります。また、ＰＲ活動でより多くのお客様にお越しいただくことも可能です。

このように、中小企業のＳＤＧｓ取り組みは地域のお客様との親密度が深まり、取引先との良き関係づくりに寄与し、従業員のやりがいづくりにもつながるものです。そして事業活動を通じて環境や社会に配慮した結果を生み出し、これを皆で実感できるものです。ぜひ、ＳＤＧｓを推進していきましょう。

事例Ⅳ：経営改善アプローチ

農業事業B社は本社が福岡市にあり、福岡県近郊都市に約３０００坪の農地をグループ会社が所有。経営者の事業拡大手腕は素晴らしく、関西地域への進出を検討するなど事業規模を着実に広げています。

事業拡大期であるがゆえに事業規模が大きくなることに比例して仕入額が増加。売上回収期間を考慮すると、資金繰り管理に注意する必要があります。そのため資金繰り管理および在庫管理等の管理水準の向上に加えて、物流機能の効率化により粗利益の大幅増加が期待できる経営改善アクションプランを策定。その結果を踏まえた上で、これらの経営改善事項および人材採用面についてＳＤＧｓ取り組みを行い、実効性を高めることとしました。以下は、そのころの私と社長との面談記録からピックアップしたものです。

著者「実際に、資金繰り管理や在庫管理の改善を行った成果が出てきましたね」

社長「ありがとうございます。おかげさまで、少し長期的な観点で経営を行うことができるようになった気がします。食品のロスもずいぶんと減りました」

著者「会社の業績を表す損益計算書の数字にも改善がみられてきましたね。計画では原価率2％改善ですが、進捗はいかがでしょうか」

社長「おかげさまで、達成できる見込みです」

著者「それはよかったですね。物流倉庫効率化による粗利益の抜本的な改善もあり、経営改善の効果が上がりましたね。ところで、人材採用のほうはいかがですか」

社長「経営改善プランの実行により事業収支は改善したのですが、人材採用のほうはうまくいきません。コストをかけて人材紹介会社へ依頼しても良い人材は応募してきません」

著者「経営改善面での御社の課題が明確になり、すでに改善に着手していますので、この経営改善プランの実効性とアピール効果を高めるＳＤＧｓ導入をしてみませんか？　人材採用にも効果がある考え方です」

社長「ＳＤＧｓとは？」

著者「ＳＤＧｓ経営とは『利他の心』での経営であり、環境や社会に配慮した事業活動を行い企業の収益を上げていこうとする考え方です。アピール効果も高まります」

社長「先生には経営改善プランで大変お世話になりました。先生を信頼してぜひともＳＤＧｓ経営に取り組んでみたいと思います。人材採用にも効果があるのであれば、期待したいです」

すでに、経営改善計画として、課題の整理と実行計画がありましたので、これらをSDGsに関連付け、アピールする点に絞ってSDGs取り組みを検討しました。

農業事業B社におけるSDGs17のゴールは、目標2、8、9です。

【目標2】 飢餓をゼロに（食品ロスを削減する、持続可能な農業を行う）

【目標8】 働きがいも経済成長も（人事制度を確立する）

【目標9】 産業と技術革新の基盤をつくろう（物流機能の効率化）

事例V：事業SDGs棚卸

福岡市内の宿泊施設C社は、宿泊者を増やす仕組みづくりを行うことに加えてSDGs棚卸を実施しました。

経営者は訪日外国人旅行者が安心して旅行することを願い、細やかな心配りで宿泊予約検索サイト上の口コミ評価を高評価で維持しています。しかし、外部要因等で訪日外国人が激減し影響を受けつつありました。

経営者と共に宿泊者を増やす仕組みづくりを実行後、長期戦略の検討を行いその上でSDGs棚卸を実施しました。以下は、そのころの私と社長との面談記録からピックアップしたものです。

著者「御社は宿泊者からの評価が高く、宿泊者を増やす仕組みづくりが軌道にのれば経営状況は必ず良い方向に向かうと思います。宿泊者の割合は訪日外国人旅行者が多く社会情勢の変化により厳しい状況ではありますが、この時期を前向きに活用して、社長のお考えである『きめ細やかな心配り』についてさらに具現化する取り組みを行うのはいかがでしょうか」

社長「正直に申し上げますと、宿泊者が大きく減少し経営を考える時間が取れるようになりました。今までは忙しすぎて日々の仕事で精一杯だったので、この点は良いのかもしれません。同業では資金繰りが厳しくなり事業を譲りたいと話している経営者もあります。当社も余裕はありませんが今が攻め時なのかもしれませんね」

著者「現在の経営状態で多額の借入を行い他社の事業を買い取るのは、負担もリスクも大きいのでおすすめしません。ＳＤＧｓという考え方は、資金負担も少なく訪日外国人など宿泊者への訴求力も高いので、現実性のある取り組みだと思います。すでに実施している事業活動やすぐに実施可能な新たな活動を整理した上で、環境や社会に良い影響をもたらす取り組みを事業に組み込む。分かりやすく言い換えるとＳＤＧｓ経営とは『利他の心』での経営であり、環境や社会に配慮した事業活動を行うことで、企業の収益を上げていこうとする考え方です」

社長「最近よく見聞きする、国連のカラフルなマークの『あれ』ですね。興味があるのですが、結局は大企業が取り組むものですよね。当社に宿泊されるヨーロッパ人は関心があるようで情報収集したのですが、ずいぶんとややこしいようなのでペンディングしています」

著者「さすが社長、情報収集されていたのですね。おっしゃるとおり原則的な方法は難しく、専門部署や人員が整わないと進めにくいので、主に大企業向けといえます。しかし私は、中小企業が実行しやすいSDGs経営の手法をおすすめしています」

社長「中小企業が実行できる簡単な手法だと、『SDGsウォッシュ』と揶揄されるらしいですが、大丈夫ですか？」

著者「SDGsウォッシュとは、環境や社会に良い影響をもたらすことを新たに行わず、既存の活動をSDGsに当てはめて『やっています宣言』をしているだけと思われることです。しかしながら、私はSDGsウォッシュというのは決して悪いことばかりではないと考えています」

社長「どのように進めたら良いですか？」

著者「ＳＤＧｓを誰に向けて行うのか。どのようなお客様へ向けて行うのか。現在、環境や社会に配慮する活動をしているのか。すぐに実施できる活動はあるのか。新たな活動につなげられるのか。まず、これらを整理します。その上で、ＳＤＧｓ17のゴールへの当てはめを行います。実際に環境や社会に良い影響をもたらす活動を行ってこれらを事業に組み込み持続的に実施するので、万一ＳＤＧｓウォッシュと揶揄されてもそれはお門違いです。批判をするだけで行動しないより、しっかりと考えて自ら行動することは、格段に素晴らしいことと思います」

社長「安心しました。当社もＳＤＧｓ経営を進めていけそうですね」

著者「では、具体的にＳＤＧｓを事業に組み込むための検討を始めましょう」

宿泊施設C社では、「①宿泊する訪日外国人に対するＳＤＧｓ取り組み」を行うこととしました。

さらに、「②企業がすでに実施している事業活動、すぐに実施可能な新たな活動」として、シャンプーや洗剤等の在庫管理、環境配慮型の洗剤使用、および地域商店街の店舗との連携等を列挙しました。

宿泊施設C社におけるＳＤＧｓ17のゴールは、目標3、12、14、17です。

【目標3】すべての人に健康と福祉を（施設のクレンリネス基準を設定）
【目標12】つくる責任　つかう責任（シャンプーや洗剤等の在庫管理）
【目標14】海の豊かさを守ろう（環境配慮型の洗剤使用）
【目標17】パートナーシップで目標を達成しよう（地域商店街の店舗との連携）

現在はこれらのＳＤＧｓ棚卸の結果について館内掲示物やホームページの刷新を行うことを検討しています。ＳＤＧｓへの関心度はＥＳＧ投資の動向を考え合わせても、日本を含むアジア諸国に比べてヨーロッパの方が高いのが実状です。このため、訪日外国人向けの事業においてはＳＤＧｓ導入の訴求力が高まることが期待できます。

事例Ⅵ：ＳＤＧｓ導入の原則法

ＳＤＧｓ導入の原則法（ＳＤＧコンパス）は導入までの業務負荷が大きく、推進チームの体制が整っていることが必要です。中小企業の導入に際しては、事業規模、社会への影響度、人員体制等を考慮の上で、集中的アプローチと経営改善アプローチを基本として、各企業の個々の事情に則して原則法を一部融合するのが現実的です。

日本を代表するグローバル企業傘下の九州エリア地域子会社（Ｄ社）は、リーダー以下５名の推進メンバーで取引先中小企業の約20社へＳＤＧｓを導入する計画でした。Ｄ社のＳＤＧｓ導入による影響範囲が広いこと、およびＤ社の推進体制が整っていることを確認し、原則法に沿って導入を支援することとしました。以下は、そのころの私とＳＤＧｓ推進リーダーとの面談記録からピックアップしたものです。

著　者「大企業での積極的なＳＤＧｓ取り組みによって、ＳＤＧｓという言葉がよく聞かれるようになりましたね。大企業ではグリーン調達基準やサステナブル調達基準といわれる仕入先に対するＳＤＧｓ要請基準を設定し、事業全体での取り組みを推進しています」

リーダー「当社でも、取引先中小企業に対してＳＤＧｓを導入することを検討し始めています。まずはＳＤＧｓ活動として慈善団体への寄附を始めたのですが、この後どうしたらよいのか全く分かりません」

著　者「慈善団体への寄附は素晴らしいことですが、環境や社会に配慮した取り組みを事業活動へ組み込むことが大事です。幸い、御社では推進体制が整い優秀で意欲的なメンバーがそろっています。経営トップも推進に理解があり積極的とお聞きしました」

リーダー「実は、他にも特別プロジェクトを抱えていまして、ＳＤＧｓは簡単にすませたいのです」

著　者「ご要望は理解しました。しかしながら御社ほどの事業規模で取引先中小企業を巻き込んだ推進であれば、環境や社会への影響度も大きくなります。取引先中小企業にも理解を得て持続的な協力体制を構築する必要があるでしょう。加えて、借入をしている金融機関からの注目度も高まることも予測できます。御社のご要望を念頭に置きました上で、誰からも納得される原則的な方法を基本とし業務負荷に配慮したＳＤＧｓ導入を行っていきたいと思います」

リーダー「わかりました。私たち推進チームもしっかりと取り組んでいきます」

D社のSDGs導入にあたっては①～⑤までの5つのステップで約7か月のスケジュールを設定しました。

① SDGsを理解する（1か月目）

先ず、SDGs推進メンバーの皆様向けに勉強会を実施。その上で勉強熱心な中核メンバーを選び、社内100名以上の企業社員向けのSDGs勉強会を担当していただきました。また、SDGs取り組みに意欲的な取引先2社については導入の先行事例を作った上で、他の20社ほどへ展開することを推奨しました。

② 優先課題を決定する（2か月目）

D社のサプライチェーンをヒアリングの上で課題のマッピングを依頼。D社はもともと取り組みとして地域団体への寄附活動を掲げていましたが、環境・社会・ガバナンスに区分した優先課題の設定方法を説明すると、意欲的にマッピングをなさいました。

③ 目標を設定する（3か月目）

中間設定を行いＫＰＩ（重要業績評価指標）進捗管理を推進。導入期間中に目標設定の補正を可能とするための前倒し設定でした。

④ 経営へ統合する（6か月目）

先行事例2社で合同の情報交換会を開催し、導入における課題と解決方法を共有。その上で全ての対象企業の経営層に対しての研修会実施を計画しました。

⑤ 報告とコミュニケーションを行う（7か月目）

最終的に取り組みを開始するにあたり先行事例2社の発表会開催を計画。全ての対象企業へ向けて導入の機運を高め網羅的導入（ＳＤＧｓ概念「誰一人として取り残さない」）の実効力を上げることを狙ったものです。その上で、金融機関向けアピール、Ｄ社によるＫＰＩ進捗管理を開始することとしました。

第4章

SDGsで経営革新！

[1] 経営革新計画で先を見通す経営を

経営革新計画について

ＳＤＧｓ推進ネットワーク福岡は、中小企業が先を見通す経営を行うにはＳＤＧｓの視点を活用した「経営革新計画」が効果的だと考えています。

「経営革新計画」とは「新たな事業活動」に取り組み、「経営目標」を設定し、その経営革新を図るものです。経営革新計画を策定することにより、取り組み目標や重点課題などが明らかになり、進捗状況を確認することで、機能的に事業を行うことができます。

経営革新計画は、新たな取り組みにより利益を上げる計画であり、事業者は経営革新計画の承認を受けると各種支援策のメリットを享受できる道が開けます。

経営革新計画における「新たな事業活動」には４つの類型があり、いずれかに当てはまることが必要です。

①　新商品の開発または生産
②　新役務の開発または提供
③　商品の新たな生産または販売の方式の導入
④　役務の新たな提供の方式の導入等

「新たな事業活動」というと、そう簡単に新規事業が創出できれば苦労はしない、との声が聞こえてきそうですが、ハードルはそれほど高くありません。「新たな事業活動」は次のように定義されています。

・個々の中小企業者にとって新規性があれば良い
・既に他社が採用済みの技術や方式の活用でも良い

ただしすでに普及している場合は対象外です。「同業で導入企業が多い技術や提供方式」「同じ地域で既に普及が進んでいるサービス」など、これは「新たな事業活動」とは言えませんので当然ですよね。

経営革新計画における「経営目標」には2つの要件があり、いずれも充足する必要があります。

①「付加価値額」または「一人あたりの付加価値」（どちらか一方）

・付加価値額＝営業利益＋人件費＋減価償却費

・1年平均3％以上の伸び率を満たす3～5年間の計画

②「経常利益」

・経常利益＝営業利益－営業外費用

・1年平均1％以上の伸び率を満たす3～5年間の計画

ＳＤＧｓ視点の経営革新計画

私は、中小企業等経営力強化法に基づく経営革新計画の策定指導員として、事業者の申請書作成支援の経験を有しており、経営革新計画の素晴らしさを実感しています。経営革新計画は計画書様式が洗練されていて、簡潔明瞭に経営計画を策定することが可能です。加えて、事業成長のきっかけづくりとなり、将来の見通しを立てることで経営成長の確度が上がります。

中小企業がＳＤＧｓ視点で経営革新計画に取り組むことで、低利融資や補助金申請時の加点等のメリットを享受できる道が開けます。ＳＤＧｓは慈善活動ではなく、利他の心で事業活動を行うことで社会および環境に貢献していくものです。当然ながら事業の成長を目指すものなので、経営革新計画策定とは親和性が高いのです。

経営革新計画の承認を受けることは、ＳＤＧｓ経営を実践するきっかけ、第一歩となります。また、自社のＳＤＧｓ棚卸を実施することで経営革新計画へ展開しやすくなり、ＳＤＧｓによる好循環が生まれます。

中小企業支援者によるＳＤＧｓ活用

「新たな事業活動」のハードルは高くはありませんが、新たな事業に関する情報の普及速度が上がり、あっという間に新規性が低下する傾向があります。参入の壁が低い事業はすぐに類似事業者が現れます。それゆえ、中小企業の経営革新計画策定を支援する者は商業・サービス・ＩＴ・物流等の最新動向を把握し、対象企業の経営分析を綿密に行った上で、経営革新計画の活用方法を提案しています。

「新たな事業活動」の創出について、環境や社会に配慮するアウトサイドイン・アプローチの考え方、ＳＤＧｓ導入の各種アプローチを実行することは、中小企業支援者にとっても有効な提案のきっかけになると考えられます。

ＳＤＧｓ新事業活動プランの策定

ＳＤＧｓ視点での経営革新計画の策定におけるＳＤＧｓ新事業活動プランに取り組むためには、３つのステップを踏むことをおすすめします。

①　ＳＤＧｓ棚卸
②　経営資源（ヒト・モノ・カネ・ノウハウ）の制約を考慮
③　ＳＤＧｓ新事業活動プランの策定

この3つのステップは、経営改善アプローチの手順と基本的に共通しています。ＳＤＧｓ取り組みは、経営改善計画および経営革新計画のいずれとも親和性が高いものです。

したがって、このＳＤＧｓ新事業活動プランの策定には、経営状態を深く掘り下げた分析に基づき、経営革新計画およびアクションプランを設定の上で、ＳＤＧｓ導入の3ステップの手順で推進するものです。よって導入においては経営企画部等の所管部門または外部専門家を活用して、あらかじめ経営革新計画を策定しておくことを前提としています。なお、経営革新計画の策定については、各都道府県等の中小企業政策部署等による支援施策があります。

経営革新計画の策定に加えて、ＳＤＧｓ導入までの総合的な支援については一般社団法人福岡県中小企業診断士協会ＳＤＧｓ推進ネットワーク福岡には、経営革新等支援機関のメンバーが在籍し、ＳＤＧｓ経営を組み込んだ経営革新計画策定を支援しています。

[2] 経営力向上にも役立つＳＤＧｓ

ＳＤＧｓによる経営力向上計画

ＳＤＧｓ推進ネットワーク福岡は、ＳＤＧｓを事業活動に組み込むことによる経営力の向上を支援しています。ＳＤＧｓは慈善活動ではなく利他の心をもって事業活動を行うことを通じて、環境および社会に貢献していくものです。したがって目指すものは当然、事業の成長です。

中小企業等経営力強化法に基づく「経営力向上計画」の承認は、ＳＤＧｓ経営を実践するきっかけになります。「経営力向上計画」とは、人材育成およびコスト管理等のマネジメント向上や設備投資など自社の経営力を向上する計画で、承認により税制および金融等のメリットを受けることができます。法人だけでなく個人事業者も対象です。自社のＳＤＧｓ棚卸を実施することで「経営力向上計画」への展開が容易になるでしょう。

「経営力向上計画」の税制・金融等のメリットには以下のようなものがあります。

〈1〉生産性が旧モデル比で年1％以上向上する設備（工業会確認）、または投資収益率（「営業利益＋減価償却費」増加額÷設備投資額）が年平均5％以上の設備（経済産業局確認）を導入する場合に、①設備投資に対する法人税法上（個人事業主は所得税法上）の即時償却または取得価格の10％の税額控除がある。②導入する設備について、機械装置は最低取得価格1台当たり160万円以上、器具備品は30万円以上等の要件がある。

〈2〉他の中小企業者より合併・事業譲渡等により不動産を含む事業用資産を取得する場合の登録免許税・不動産取得税の軽減措置がある。

〈3〉日本政策金融公庫による低利融資（設備資金は基準金利△0.9％）対象となる。

〔4〕信用保証協会による別枠保証等の対象となる。

（※支援策・メリットは変更される場合があり、最新状況の確認をお願いします）

当会はＳＤＧｓ経営にＫＰＩ（重要業績評価指標）等の経営目標を織り込む上でも、ＳＤＧｓと「経営力向上計画」は親和性が高いと考えています。申請様式は、中小企業庁ホームページよりダウンロードが可能で、記載の手引きが用意されています。

なお、経営力向上計画の承認は、「小規模事業者持続化補助金（地道な販路開拓等の補助金）」等の加点要件となり得るものです（加点制度は変更の可能性があり、申請する補助金等の公募要領を確認する必要があります）。

当会には、経営力向上計画の策定をサポートする経営革新等支援機関のメンバーが在籍し、中小企業者のＳＤＧｓを経営に組み込む、経営力向上計画策定を支援しています。

ＳＤＧｓによる収益力向上

私が環境不動産分野の認証団体へ独自にヒアリングを行ったところ、ＳＤＧｓ取り組みにより賃貸用不動産の賃料が約7％上昇した結果が認められたとの見解を示されました。国土交通省の主導もあり不動産分野での取り組みは顕著に前進しており、その収益性メリットも徐々に現実のものとなっています。

東京では東急グループによる渋谷エリアの再開発が進められ、各階に緑化・テラスを設けることによる環境への配慮、働く人々への配慮が注目されており、人材採用面での効果も期待したSDGs取り組みが推進されています。また、各階テラス設置は、オフィスワーカーが別のフロアへ移動することなくテラスへ行くことが可能で、エレベーター動力面における電力使用量削減にも繋がるなど、多面的な効果が期待されています。

東京では木材活用の視点も注目を集めています。例えば、国立競技場では全ての都道府県の木材が使用されました。戦後植林の木材活用時期が到来し必要量を確保できたこと、木材がCO2吸着の効能があることが使用理由で、さらに都道府県の方位に応じて庇部分に配置することで日本の一体感を表現したものです。

このように、SDGs取り組みによる収入増加やコスト削減の効果が現実のものとなっています。中小企業においてもSDGs取り組みによる収益力向上が期待できます。

[3] 低利融資や補助金等のチャンスも

承認支援策が生み出す好循環

ＳＤＧｓ推進ネットワーク福岡は中小企業の皆様へ、ＳＤＧｓ視点との親和性が高く先を見通す経営に有益である「経営革新計画・経営力向上計画」の承認を受けることをおすすめしています。

承認は、その計画の実現性についてお墨付きを得たということ。ですから事業者としては計画達成にしっかり取り組むことが必要です。経営計画の承認事業者には多様な支援策が用意されています。支援策を活用することで計画達成の確率が高まります。計画を達成すると利益が増え、ゆくゆくは納税額も増えて事業成長の好循環が期待されます。だからこそ経営革新計画の承認を受けた事業者には低利融資や補助金などの支援策が活用しやすくなるのです。

大規模な中小企業支援補助金

大規模な補助金として「ものづくり・商業・サービス生産性向上促進補助金」があります。これは「中小企業が取り組む生産性向上に資する革新的なサービス開発・試作品開発・生産性プロセスの改善に必要な設備投資等を支援する」ものです。補助金額が上限1000万円と大規模のため、申請企業が増加しています。

この補助金の対象要件は、経営革新等支援機関（私たち一般社団法人福岡県中小企業診断士協会にも経験豊富な経営革新等支援機関が所属しています）の全面バックアップを得た事業を行う中小企業が、革新的なサービスの創出等について、「付加価値額」を1年平均3％以上の伸び率を達成する計画となっています。

ここでお気づきの方も多いと思いますが、この要件は経営革新計画と重ね合わせることができます。このため、経営革新計画の承認事業者には審査における加点要件となるメリットがあります（出典：令和元年度補正「ものづくり・商業・サービス生産性向上促進補助金」公募要領）。

経営革新計画の支援策

経営革新計画の承認事業者は、計画承認後に、支援策を提供している各支援機関等での審査を通過すれば、その支援策を活用することができます。審査を受けるためには、計画申請段階で希望する支援策を提供している各支援機関等へ事前相談を行う必要があります。

なお、福岡県における経営革新計画の承認事業への支援策は次のとおりです（出典：令和元年度経営革新計画申請の手引き〔福岡県〕）。

①政府系金融機関による融資制度

●日本政策金融公庫の融資制度（日本政策金融公庫福岡支店）

…設備資金および運転資金の融資制度です。

②その他の融資制度、補助金等による支援

●福岡県中小企業融資制度の経営革新支援資金（福岡県商工部中小企業振興課金融係）

…承認された経営革新計画の実施に必要な資金の融資制度です。

●高度化融資制度（福岡県商工部中小企業振興課管理指導係）

…経営革新計画の承認を受けた中小企業者等のグループが共同で利用する研究施設や試験機器等を設置する場合等の高度化融資制度です。

●福岡県ものづくり中小企業新製品開発支援補助金

（福岡県商工部中小企業振興課技術支援係）

…福岡県内の中小企業が経営革新計画に基づき行う新商品開発に要する経費に対する補助金制度（5件程度）です。

●福岡県中小企業経営革新新サービス開発等支援補助金

（福岡県商工部新事業支援課新分野推進係）

…福岡県内の中小企業が経営革新計画に基づき行う新サービスの提供等に要する

経費に対する補助金制度（5件程度）です。

●福岡県新商品の生産による新事業分野開拓者認定制度

（福岡県商工部新事業支援課新分野推進係）

…経営革新計画に基づき新しい独自の製品を生産する事業者の認定制度です。

●信用保証の特例（福岡県信用保証協会保証統括部）

…承認された計画に従って行う事業に必要な資金の融資にかかる信用保証についての特例措置制度です。

●中小企業信用保険法の特例（福岡県信用保証協会保証統括部）

…中小企業者が国内の金融機関から海外直接投資事業に要する資金の融資を受ける際の、海外投資関係保証の限度額引き上げ制度です。

●**スタンドバイ・クレジット制度**（日本政策金融公庫福岡支店）

…債務の保証と同様の目的で発行される信用状制度です。

●**投資による支援措置**（中小企業基盤整備機構等）

…起業支援ファンドの投資制度等です。

●**特許関係料金減免制度**（九州経済産業局地域経済部産業技術課特許室）

…経営革新計画のうち技術開発を行う研究開発事業にかかる特許出願を行う際の審査請求料と特許料の減額制度です。

●**福岡県中小企業技術・経営力評価制度**（福岡県ベンチャービジネス支援協議会）

…中小企業がもつ技術力、製品・サービス、経営力を分析し、強み・弱みや問題点を明らかにした評価書の発行制度です。

●福岡県競争入札参加資格審査における地域貢献活動評価（加点）制度
（福岡県商工部新事業支援課新分野推進係）
…あらかじめ地域貢献活動評価申請書（経営革新）により福岡県の確認を受けることでの加点制度です。

福岡県では、以上のように多様な支援策に加え、事業者が経営革新計画の策定を希望する段階において福岡地域中小企業支援協議会等に経営革新計画策定指導員を配置する等の丁寧なサポートを行っています。

なお、同様に各都道府県等においても支援策があると思いますので、各都道府県等の中小企業政策部署または日本政策金融公庫のお近くの支店にお問い合わせください。

第５章

これからのＳＤＧｓ

[1] 求められる企業・考え方

SDGsで課題対応力を上げる

中小企業は、地域経済を担う日本経済の主役であることは間違いありません。2019年版中小企業白書では日本企業全体約360万社のうち中小企業が約99・7%を占め経済基盤を担っているとした上で、中小企業における喫緊の課題を「事業承継と自己変革」としています。

これらの中小企業における喫緊の課題への対応力を向上させるにはSDGs経営が有効です。SDGs経営を取り入れることで、事業承継に際して事業の棚卸が可能となること、経営革新計画等に活用することで自己変革が可能となることは、すでにお示ししたとおりです。また、SDGs経営の「利他の心」での経営により良い会社になることで、ぶれない軸をつくり自社の存在意義を明確にしてお客様などへアピールしやすくメリットがあることもお示ししました。

ＳＤＧｓ課題は世界全体の課題で、今や普遍の考え方です。それは環境や社会へ配慮しつつ持続的な事業成長を考えるものといえます。社会環境の変化は大きくなり変化のスピードも速くなる傾向にあります。どのような社会環境になっても事業の持続性を高めるために、ＳＤＧｓ経営で課題対応力を上げて臨みたいものです。

求められる企業像：株式会社ふくや

特にＳＤＧｓ取り組みとは掲げずに、国連がＳＤＧｓを採択する遥か前から脈々と受け継ぎ地域社会に貢献している企業は各地に存在しています。

福岡県で1つあげれば、「株式会社ふくや（代表取締役社長川原武浩氏）」です。博多を代表する特産品・辛子明太子の誕生ストーリーは有名で、ふくや創業者の川原俊夫氏が考案し、製法を特許技術とせずに広く公開、まさに「利他の心」での経営を実践されています。

株式会社ふくやでは、創業者の思いを受け継ぎ「博多祇園山笠」や「博多どんたく」等の博多を代表する文化イベントを今でも支えています。辛子明太子という新たな産業をつくり、これにより雇用を生み出し、地元の文化を支えています。

一方では新たな商品展開にも積極的で、機動戦士ガンダムとのコラボレーション商品であるガンダム・ツナ缶なども販売。新商品開発のＤＮＡはグループ会社にも浸透しています。例えば、ごま焼酎で有名な株式会社紅乙女酒造（代表取締役社長吉村拓二氏）では、ラベルに江口寿史氏のイラストを使用した特別バージョンを開発しました。地域にしっかりと事業を根付かせて持続的に雇用を生み出し、加えて課題対応力も有する。時代に求められる企業像として紹介させていただきました。

ＳＤＧｓを取り入れないと、どうなる？

これまで説明したとおり、ＳＤＧｓ経営には３つのメリットがあります。

① 真に良い会社になる
② お客様からの信頼を得られる
③ 新たなビジネスチャンスにつながる

そして、中小企業が取り組む3つの理由も説明しました。

① 顧客からのSDGs取り組み要請が高まる

② 将来世代からのSDGs取り組み要請が高まる

③ 政府からのSDGs取り組み要請が高まる

SDGs経営を行う企業は真に良い会社となり、課題対応力も上がるなどいいことばかりです。では、SDGs経営を行わない企業は、どうなるのでしょうか。

取引先企業による淘汰

大企業をはじめSDGs経営を推進する企業では、仕入先に対するSDGs要請を高める動きがあります。環境や社会に配慮した原材料等の仕入をするために、グリーン調達基準やサステナブル調達基準を設定し、仕入先へ基準適合を要請しています。基準適合のチェックは業務負荷が高く、現在のところ主に大企業での取り組みとなっています。

しかしながら大企業による仕入先へのＳＤＧｓ対応要請は、これを受けた企業が自社の仕入先へ同様の要請をすることで連鎖的に繋がっていきます。実際に、ある世界的なメーカーのＳＤＧｓ要請は、地域の下請け中小企業を巻き込む地域全体の取り組みになってきていると聞いています。

地域社会による淘汰

お客様も変わりつつあります。経済性や合理性第一の社会環境では時間の価値が高まり、消費者の購買行動は時間を節約することに重点を置きます。そして商業店舗の３６５日営業・24時間営業が歓迎され、使い捨て感覚で商品購買が行われてきました。しかし、働き方改革、ワークライフバランス、そして環境や社会に配慮したサステナビリティの考え方から、原点に戻ってモノを大切にする購買行動に移行しているようです。

消費者の購買行動調査によると、購買の判断基準について「環境や社会に悪い影響を与える商品は買わない」が54・６%、「環境や社会に悪い影響を与える企業の商品は買わない」も49・8％となっています。環境や社会を重視する消費者の購買行動について、個々の商品の購買選別にとどまらず企業全体の購買選別に発展していることが調査結果で明らかになりました（出典：博報堂「生活者のサステナブル購買行動調査」）。

ＳＤＧｓ経営は自社の商品を購買するお客様に選ばれ続ける企業である前提条件となります。ＳＤＧｓ経営に取り組まない場合は、地域社会のお客様から淘汰されることになります。

金融機関による淘汰

中小企業は金融機関から事業資金を借りているケースが多く、金融機関側から淘汰されると資金繰りが立ち行かなくなり、事業を継続することができません。

現在、各地方銀行や信用金庫等は環境や社会に配慮する企業に対して積極的に資金供給を行う動きがあります。グリーンローンやＳＤＧｓ私募債などの金融商品でＳＤＧｓ企業優遇、というアピール効果も見込めるからです。

今後はＳＤＧｓ企業でなければ金融機関側からマイナス評価を受ける可能性もあると考えられます。その理由は以下の2つです。

① 環境省の検討会等において、中小企業者へ融資を行う際にはＳＤＧｓ視点で地域環境、経済、社会への影響度を評価することが示されていること
② ＳＤＧｓ経営を行わない企業が取引先企業や地域社会から淘汰され、事業収支の低下要因となった場合には金融機関側から見た企業信用度が下がること

金融機関による淘汰が始まると、ＳＤＧｓ経営を行わない企業は、

○ 借入をする際の利率が上がり支払利息の負担が増える
○ 十分な事業資金を借りることができない
○ 多くの担保を提供することを要請される

などの負の作用が進むことが想定できます。

人材による淘汰

中小企業は人材採用が難しいといわれています。中小企業の経営者から「人材募集を出しても、うちの会社にはなかなか応募が来ないよ」というお話をよく聞きます。人材採用は中小企業の永遠の課題ともいえるでしょう。

ＳＤＧｓが人材採用にも効果があることをお伝えしましたが、この傾向が高まっていくと、ＳＤＧｓ企業でなければ人材を採用できない時代が来るかもしれません。実際に就活生が企業を選ぶとき「環境や社会に配慮した企業」であるかを基準にする傾向があります。生活者のサステナブル購買行動と同じく就活生もＳＤＧｓ重視を高めているのです。

上の世代でＳＤＧｓ重視の人がいるとしても、２０００年以降世代の就活生のそれには遠く及びません。ＳＤＧｓ経営を行わない企業に対して、人材による淘汰が始まりつつあります。

[2] SDGs実践時のサポート先

トータルサポート先は少ないのが実状

中小企業がSDGs経営を導入するに際して、トータルにサポートする受け皿が多いとはいえません。中小企業の経営を支援する私たち専門家側のSDGs浸透が進んでいないのは中小企業へのSDGs浸透が一般的でないため当然のことです。

現時点では皆様がご自身でSDGsを学んでいただき、技術面や経営面について必要に応じて専門家のサポートを受けるのが現実的だと思います。

技術面のサポートは進みつつある

SDGs取り組みには、環境に配慮した省エネ技術や新たな事業活動につながる先進技術等、技術面のサポートが必要になる場合があります。

SDGs推進ネットワーク福岡は、公益社団法人日本技術士会九州本部主催の研修会においてＳＤＧｓ経営に関する研修を実施いたしました。

株式会社ＣＴＩグランドプラニング（株式会社建設技術研究所グループ所属）代表取締役社長・技術士の石本俊亮さんにお聞きしたところ、技術分野でＳＤＧｓ注目度が増し、ご自身も技術士としてＳＤＧｓの理解を進めているとのこと。すでに技術面のＳＤＧｓサポートは進みつつあります。

ちなみに技術士とは、日本の科学技術分野における国家資格で、産業経済、社会生活の科学技術に関する全「21の技術部門」をカバーし、先進的な活動から身近な生活にまで関わる技術的なコンサルティング等の国家資格です(出典:日本技術士会ＨＰ)。

経営面のサポートは中小企業支援機関で

ＳＤＧｓと親和性の高い経営革新計画等の事業計画策定には、すでに手厚い支援体制が確立しています。経営革新計画の策定でＳＤＧｓ経営の基盤を作るために、事業計画策定サポートの活用をおすすめします。例えば福岡県では、福岡地域中小企業支援協議会等でサポートを行っています。ぜひお住まいの各都道府県、市町村等の中小企業政策関連部署へお問い合わせください。

なお、各都道府県の中小企業診断士協会には中小企業診断士（中小企業の経営革新計画策定等を支援する経営革新等支援機関の認定機関）が在籍しています。詳しくは各都道府県の中小企業診断士協会事務局までお問い合わせいただけますと幸いです。

人事面でＳＤＧｓを導入するには

ＳＤＧｓ経営は、中小企業における永遠の課題と言われる人材採用に効果があります。人事面でＳＤＧｓを導入するには、ＳＤＧｓを理解した人事系コンサルタントがサポート先となります。

東京と福岡を中心に全国でご活躍されている中小企業診断士の中倉誠二さん（中倉ビジネスコンサルティング代表）にお聞きしたところ、ワークライフバランスや働き方改革の分野において、ＳＤＧｓ活用を検討しているとのこと。

ＳＤＧｓはワークライフバランスや働き方改革とも親和性があります。健康で文化的な生活を前提として、ワークライフバランス、やりがいのある仕事を持続的に行う仕組みづくりは、ＳＤＧｓでは、「目標3・すべての人に健康と福祉を」、「目標8・働きがいも経済成長も」に相当します。本書を通じて、人事系コンサルタントの皆様にもＳＤＧｓの浸透が進むことを期待しています。

[3] SDGsの今後の展望

メリットが増えていく

例えば、一般社団法人環境共創イニシアチブでは省エネルギーの設備投資に対する補助金があり、BCPに関しては事業継続計画の認証に対する補助金加点制度があり、エコアクション21の認定企業に対しては産業廃棄物処理業者や建設業者に対する一部優遇措置などがあります。

SDGsの推進が世界の総意であることを考えると、SDGs取り組みを促進するための優遇策が示されていく可能性は十分にあります。

私たちの地球環境を子や孫へ

この地球環境を子や孫の世代へ繋げることができるか。私たちは今、重要な岐路に立っています。SDGsは、奉仕活動や自己犠牲とは異なる「利他の心」であり、前向きな活動の中に組み込まなければ、持続的に推進することはできません。

SDGs活動は、大企業がけん引している現状ですが、中小企業も取り組むべきもので、その必要性も増している状況です。中小企業にとり一見分かりにくく難しそうに思えるSDGs導入には、論理性を保ちつつSDGs導入の業務負荷軽減を行う、中小企業の実状に則したSDGs手法が現実的だと思います。

地域の中小企業には、SDGsを導入することで、可能な限りメリットを享受していただきたいと考えています。そのためには、既存の中小企業支援施策で提供されているメリットを活用できる導入が有用です。また、せっかくSDGs経営を行うのであれば、多方面にアピールすることが大事です。

これからは、地域の中小企業にとってもSDGs経営が当たり前の時代が来ます。そのときに備えあるいは先駆けてSDGsに取り組むことで「利他の心」のSDGs経営を実現し、前向きに事業を成長させていきましょう。

コラム③　選別され淘汰される（ＥＵタクソノミ）

新たな基準が作られることにより、中小企業が選別され淘汰される予兆があります。

ＥＵは、経済活動が環境面で持続可能かの基準「タクソノミ」確立などで世界の環境対策を牽引しています。これまで気候変動の対策基準は不明瞭である場合がありましたが、タクソノミは気候変動対策を新たに分類枠組みした上で、経済界に対応を求めるものです。

例えば、Passenger car の具体的基準は、２０２５年までに50ｇＣＯ２／㎞が求められ、日本の名車であるプリウスより高い基準であるとのことです。ＥＵが日本で普及している水準の技術を上回る基準を設けたことで、自らが技術向上に積極的であることを示しました。グローバル企業が切磋琢磨して技術向上に取り組むことで、中小企業に対する選別と淘汰が進むと考えています。

おわりに

「そのうちに、きっと誰かが、何かをやってくれるだろう」ではなく、「まずは自分事として、しっかりと情報を捉えて、自分で考えて行動する」。

私はこの言葉に感銘を受け、繰り返し学びながら、実践したいと考えました。その具現化として、中小企業の皆様へのＳＤＧｓ推進活動を開始しました。

ＳＤＧｓは世界全体の目標です。ＳＤＧｓを持続的に推進するためには、本質を理解した上で、「利他の心」で良い経営を行い、環境や社会に良い影響をもたらす仕組みを事業に組み込むことが必要です。このＳＤＧｓ経営の根幹となる姿勢は、まさに「そのうち誰かが」ではなく、「自分事として考え行動する」ことだと思います。そして、一人でできることは限られていても、仲間と共に推進することが大切です。中小企業経営者の皆様は、ＳＤＧｓ経営を行うことで、お客様、得意先、仕入先、従業員、さらにはご家族との絆を実感されることでしょう。

私も一般社団法人福岡県中小企業診断士協会ＳＤＧｓ推進ネットワーク福岡の仲間と共に、ＳＤＧｓ推進活動を実行することで絆を実感しています。持続的に活動ができるようになったのも、様々なアドバイスを頂ける先輩中小企業診断士の先生方のおかげです。また、中小企業のＳＤＧｓ経営が大切であることに共感し、共にＳＤＧｓ推進活動を行う、中小企業診断士の仲間である髙島公生先生、富永一也先生、松代和也先生、森紀三彦先生、鈴木亨先生には心より感謝しています。

最後に、本書の出版にあたり、中小企業の皆様へ広くＳＤＧｓ経営を推進する必要性を感じ、執筆のご支援をいただいた梓書院取締役部長の前田司さんには、この場を借りて、心より御礼申し上げます。

《参考文献・引用元》

【書　籍】

小宮一慶氏『松下幸之助パワーワード　強いリーダーをつくる１１４の金言』主婦の友社、平成27年

九州北部信用金庫協会『遊撃する中小企業』梓書院、令和元年

【報告書・指針等】

ＧＲＩ、国連グローバル・コンパクト、WBCSD「SDG Compass」

福岡県「令和元年度経営革新計画申請の手引き」

【ウェブサイト】

国際連合広報センター「２０２０アジェンダ」(https://www.unic.or.jp/activities/economic_social_development/sustainable_development/2030agenda/　閲覧日：２０２０年2月26日)

国際連合広報センター「国連「フードチャレンジ」キャンペーン：持続可能な料理で個人も気候変動対策に貢献」(https://www.unic.or.jp/news_press/features_backgrounders/34791/　閲覧日：２０２０年2月26日)

気象庁「世界の主要温室効果ガス濃度は観測史上最高を更新」(https://www.jma.go.jp/jma/press/1911/25a/GHG_Bulletin_15_press.pdf　閲覧日：２０２０年2月26日)

国際連合広報センター「やめよう、プラスチック汚染」(https://www.unic.or.jp/activities/economic_social_

development/sustainable_development/beat_plastic_pollution/　閲覧日：２０２０年2月26日）

ＡＦＰ「気候変動による災害の経済損失が増加、直近20年は２５２兆円に」（https://www.afpbb.com/articles/-/3192938　閲覧日：２０２０年2月26日）

国際連合広報センター「国連寄託図書館」（https://www.unic.or.jp/texts_audiovisual/libraries/un_depository_libraries/　閲覧日：２０２０年2月26日）

一般社団法人　日本損害保険協会「風水害等による保険金の支払い」（https://www.sonpo.or.jp/report/statistics/disaster/ctuevu000000530r-att/c_fusuigai.pdf　閲覧日：２０２０年2月26日）

首相官邸「ＳＤＧｓ推進本部・ＳＤＧｓアクションプラン」（https://www.kantei.go.jp/jp/singi/sdgs/　閲覧日：２０２０年2月26日）

経済産業省「企業のための温暖化適応ビジネス入門」（https://www.meti.go.jp/policy/energy_environment/global_warming/pdf/JCM_FS/Adaptation_business_guidebook.pdf　閲覧日：２０２０年2月26日）

環境省「公共建築物等の省エネ化に係る 課題と促進方策等について」（http://www.env.go.jp/earth/zeb/link/pdf/public_buildings.pdf　閲覧日：２０２０年2月26日）

ＴＣＦＤコンソーシアム「ＴＣＦＤとは」（https://tcfd-consortium.jp/about　閲覧日：２０２０年2月26日）

環境省「エコアクション21」（https://www.env.go.jp/policy/j-hiroba/04-5.html　閲覧日：２０２０年2月26日）

農林水産省「ＳＤＧｓ×食品産業」（https://www.maff.go.jp/j/shokusan/sdgs/index.html　閲覧日：２０２０年2月26日）

日本経済新聞「穀物、最大23％値上げも　ＩＰＣＣ２０５０年予測」（https://www.nikkei.com/article/

DGXMZO48388230Y9A800C1000000/　閲覧日：２０２０年2月26日）
大牟田市「ＳＤＧｓ未来都市」（https://www.city.omuta.lg.jp/hpKiji/pub/detail.aspx?c_id=5&id=13336&class_set_id=1&class_id=728　閲覧日：２０２０年2月26日）
宇部市「宇部市ＳＤＧｓ　～持続可能なまちづくりに向けて～」（https://www.city.ube.yamaguchi.jp/shisei/keikaku/sdgs/index.html　閲覧日：２０２０年2月26日）
恩納村「「ＳＤＧｓ未来都市」に選定されました」（https://www.vill.onna.okinawa.jp/sp/politics/1508724757/1561690107/　閲覧日：２０２０年2月26日）
住友化学株式会社「住友化学のマラリアへの取り組み」（https://www.sumitomo-chem.co.jp/sustainability/social_contributions/olysetnet/initiative/　閲覧日：２０２０年2月26日）
伊藤忠商事株式会社「プレオーガニックコットンプログラムが国連開発計画主導の世界的イニシアティブ「ビジネス行動要請（ＢＣｔＡ）」の取組みとして承認」（https://www.itochu.co.jp/ja/news/press/2012/120829.html　閲覧日：２０２０年2月26日）
パナソニック株式会社「グリーン調達について」（https://www.panasonic.com/jp/corporate/management/procurement/green.html　閲覧日：２０２０年2月26日）
アサヒグループホールディングス株式会社「アサヒグループのＣＳＲ」（https://www.asahigroup-holdings.com/csr/philosophy/policies.html　閲覧日：２０２０年2月26日）
経済産業省「ＳＤＧｓと環境・エネルギー」（https://www.meti.go.jp/shingikai/economy/sdgs_esg/pdf/003_03_00.pdf　閲覧日：２０２０年2月26日）

石坂産業株式会社「地域との連携」（https://ishizaka-group.co.jp/our-action/community/　閲覧日：２０２０年2月26日）

株式会社ふくや「ふくやのこだわり」（https://www.fukuya.com/lp/hitosuji/　閲覧日：２０２０年2月26日）

株式会社紅乙女酒造「ごま焼酎 紅乙女 STANDARD」（https://standard.beniotome-official.com/　閲覧日：２０２０年2月26日）

公益社団法人日本技術士会「技術士とは」（https://www.engineer.or.jp/contents/about_engineers.html　閲覧日：２０２０年2月26日）

【統計調査】

関東経済産業局「中小企業のＳＤＧｓ認知度・実態等調査結果」（https://www.kanto.meti.go.jp/seisaku/seichou/data/20181213sdgs_chosa_houkoku_syosai.pdf　閲覧日：２０２０年2月26日）

株式会社博報堂「生活者のサステナブル購買行動調査」（https://www.hakuhodo.co.jp/news/newsrelease/74993/　閲覧日：２０２０年2月26日）

中小企業庁「２０１９年版「中小企業白書」」（https://www.chusho.meti.go.jp/pamflet/hakusyo/2019/2019/index.html　閲覧日：２０２０年2月26日）

【著　者】

越川智幸（こしかわ ともゆき）

中小企業診断士・行政書士。
学習院大学経済学部経営学科卒業。2001年中小企業診断士登録後、約20年間にわたり中小企業・小規模事業者への経営相談・経営改善・経営革新等に携わる。中小企業・小規模事業者支援の観点から「利他の心」でのSDGs経営の重要性を強く認識し、一般社団法人福岡県中小企業診断士協会SDGs推進ネットワーク福岡の仲間と共に、中小企業・小規模事業者へのSDGs推進活動を行う。「納得感のあるアプローチ法で、スムーズに導入できた」「誰に相談すればよいかわからず悩んでいたが、親身に相談にのってくれてとても頼りになった」などの声を頂いている。

「note」でSDGsにまつわる記事を好評配信中！
SDGs推進ネットワーク福岡　https://note.com/sdgsf

［協会連絡先など］

SDGs推進ネットワーク福岡
https://www.facebook.com/sdgsf

一般社団法人福岡県中小企業診断士協会
http://shindan-fukuoka.com

中小企業診断士を目指す方へ（登録養成機関）
https://smec-yousei.jp

明快《めいかい》！　中小《ちゅうしょう》企《き》業《ぎょう》のためのＳＤＧｓ経営《エスディージィーズけいえい》

令和2年7月1日 初版発行

著　者　越川　智幸
発行者　田村　明美
発行所　㈱梓書院
〒812-0044 福岡市博多区千代3-2-1 麻生ハウス3F
tel 092-643-7075　fax 092-643-7095

印刷製本　シナノ書籍印刷㈱

ISBN978-4-87035-672-6